LA SEINE

ET SES AFFLUENTS

Paris. — Typ. A. PARENT, rue Monsieur-le-Prince, 31.

LA SEINE

ET SES AFFLUENTS

)(Voie, traction, trafic, législation)

PAR

Jules DAVID

INSPECTEUR PRINCIPAL DES PORTS ET DE LA NAVIGATION FLUVIALE.

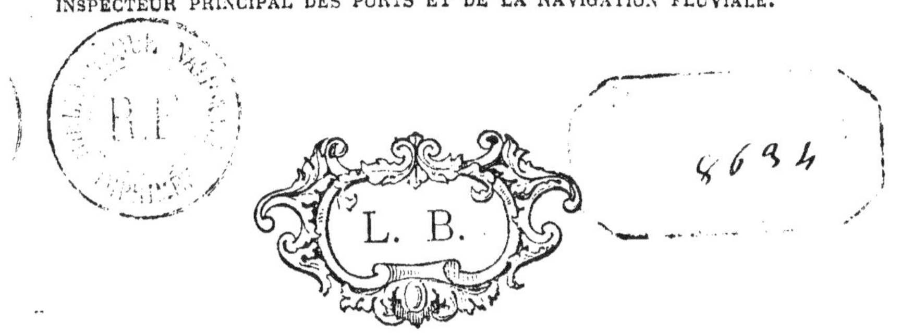

PARIS

LEON BONHOURE, ÉDITEUR,

5, RUE DE FLEURUS, 5.

—

MDCCCLXXIV

AVANT-PROPOS

Une division administrative, qui s'applique
à la fois aux grandes routes, aux chemins de
fer et aux rivières navigables, sépare en trois
catégories l'emploi des routes de terre, de fer
ou d'eau offertes au public et au commerce.
Ces trois catégories sont la *voie*, la *traction* et
le *trafic*. On entend par *voie* l'établissement
de la route et son entretien ; par *traction*, les
moyens employés pour tirer partie de la *voie*,
soit par le roulage, la marine intérieure ou les
compagnies de chemin de fer. Par le mot *trafic*, on comprend tout mouvement commercial
qui use de la *voie* et de la *traction* pour le
transport de ses marchandises, tout port où
on les dépose, tout règlement qu'on accepte
pour faire constater les quantités, les qualités

et la durée de séjour des depôts. Nous traiterons successivement ces trois faces de notre sujet, et nous terminerons ce manuel par un chapitre intitulé : *législation*, et qui contiendra tout ce qui régit l'usage des canaux et des rivières, tant navigables que flottables.

BASSIN DE LA SEINE

NAVIGATION INTÉRIEURE.

LA VOIE.

Aucun mot n'est plus expressif que le mot de bassin, appliqué à ces vastes creusements du sol qui, bordés par des hauteurs modérées, descendent d'échelon en échelon jusqu'à la mer, niveau réel de la terre. Nulle contrée ne se trouve mieux douée que la France par ses bassins, par le seul fait de ses quatre grands fleuves qui roulent au fond de ses quatre principales vallées, et qui réunissent toutes les eaux qu'un climat tempéré fait écouler si abondamment du sommet des plateaux et des

côtes. La chaîne qui la traverse du sud au
nord, en jetant de l'est à l'ouest trois dériva-
tions puissantes, forme de véritables remparts
entre ses bassins, de véritables réservoirs pour
leurs besoins divers. Eh bien, dans cette con-
figuration si utile à l'agriculture et qui prodi-
gue sous des climats favorables des produits
si variés, il n'est peut-être rien de supérieur
au bassin de la Seine. Ses pentes n'ont généralement aucune exagération ; ses cours d'eau
sont au nombre de plus de cent ; ses principales
rivières l'Yonne, l'Aube, le Loing, la Marne,
l'Aisne, l'Oise et l'Eure arrosent si favorable-
ment ses terres, reçoivent de si nombreux
affluents, traversent et fructifient de si beaux
pays qu'on aurait qu'à se féliciter de tant
d'inappréciables avantages, si l'abondance
même des biens ne portait parfois préjudice,
et si ces eaux, si heureusement aménagées, si
propices à la fois à la culture et à la navigation, ne devenaient tout à coup alarmantes
par leurs débords.

Ce qui fait la supériorité du bassin de la
Seine, c'est qu'il forme un carré long parfaitement ondulé, et avantageusement borné par
des hauteurs qui généralement ne dépassent

pas 600 mètres. La Côte-d'Or seule, cette petite chaîne qui continue celles du Vivarais, du Lyonnais et du Charolais, s'infléchit doucement vers l'ouest, d'abord par les monts du Morvand, ensuite par les collines du Nivernais, et enfin par le plateau d'Orléans, que suivent les côtes légères de la Normandie. Ces dernières suffisent d'ailleurs pour déterminer une déclivité douce, à droite sur le bassin de la Seine, à gauche sur le bassin de la Loire, et pour écouler modestement leur eaux, d'un côté vers la Seine par l'Eure, l'Aure, l'Yton et la Rille, et de l'autre par la Sarthe et par l'Huisne. Mais c'est du sud-est, le long de la Côte-d'Or et du plateau de Langres, que nous viennent à la fois et la Seine elle-même, et son plus copieux affluent, l'Yonne, qui reçoit elle-même trois rivières importantes. Enfin, c'est aussi au plateau de Langres que prennent naissance l'Aube et la Marne, dont la première, coulant à travers de creuses vallées, apporte le premier contingent sérieux au fleuve qui recevra tant de tributaires de tant de directions différentes, et dont l'autre, qui commence à 3 myriamétres de sa voisine, poursuit tout le long de la Champagne un cours de 450 kilomètres,

en traversant tour à tour cinq départements
et nombre de villes, dont les principales sont
Chaumont, Vitry-le-François, Châlons, Epernay, Château-Thierry et Meaux. Quant à
l'Aisne et à l'Oise, elles ne doivent leurs sources qu'aux forêts accidentées de l'Argonne et
des Ardennes, et semblent avoir pour objet
d'arroser le nord du bassin général; l'Aisne
au-dessus du cours de la Marne, l'Oise du nord
au sud ouest, et de fournir une alimentation
continue aux nombreux canaux qui assurent
la navigation de Belgique et de France, et qui
amènent à nos usines une grande partie des
houilles et charbons de terre qu'elles consom-
ment.

La diversité du cours de toutes ces rivières
ne laisse nulle vallée sans eau, et permet même une culture, parfois productive, sur des
plateaux dont les sommets, sans cette bonne
fortune, demeureraient complètement stériles,
exposés qu'ils sont à toute la violence des
vents. Il faut pourtant reconnaître que, dans
ce bassin, composé d'une grande partie de quatre anciennes provinces, la Champagne, la
Bourgogne, l'Ile-de-France et la Normandie,
la portion du sud se trouve bien supérieure à

celle du nord-est, et que, grâce à ses affluents nombreux, et malgré la rapidité de son courant, l'Yonne n'en traverse pas moins des pays où les céréales le disputent en excellence aux vignes et aux plantes herbagères. Quant aux rares plateaux de ce bassin, un seul est fertile en terres arables, celui du Gâtinais; un autre n'a de valeur que sur sa déclivité, celui de Châlons, dont certaines côtes portent les noms illustres d'Aï et de Mareuil; un troisième est un véritable Sahara français, étrangement placé entre de nombreuses oasis. Quittez Troyes pour aller à Arcis, et vous ne monterez qu'une fois dans toute la route une côte qui n'a pas 2 mètres de hauteur; et de chaque côté de cette route vous ne rencontrerez qu'un terrain si pauvre, qu'en le grattant avec le doigt on en trouve facilement le tuf; et cette poussière blanchâtre, qui vous couvre à la moindre brise, ne produit à force de façons qu'une orge maladive et qu'un seigle dont la paille n'a pas 50 centimètres de haut et l'épi 3 centimètres. L'altitude de ce triste pays, éloigné de collines protectrices, est si élevée que le vent y règne en destructeur impitoyable, ne laissant subsister aucune des plantations qu'on s'acharne à y tenter dans des cuvettes de terre végétale, entretenues avec soin et disposées de manière à conserver les eaux pluviales, seule ressource d'arrosement. Un dernier plateau enfin est la Puisaye, étrange pays qui borde les contreforts de la Loire, qui donne naissance à la rivière du Loing, découlant d'un étang qui ne dessèche jamais, et qui, sur une étendue de plus de 40 kilomètres carrés, ne contient que des mares putrides et des bois rabougris. Puis, tout à coup, quand les pentes se déterminent vers le cours de l'Yonne, soit de l'ouest à l'est vers Auxerre, soit du sud au nord vers Joigny, les ondulations du terrain reparaissent, et avec elles les ruisseaux limpides, les vallées fertiles, les champs féconds, les bois touffus, toutes les preuves de la richesse et de l'abondance territoriales.

Ainsi, au point de vue agricole, le bassin de la Seine est aussi varié qu'abondant. Les forêts nombreuses et magnifiques qu'il arrose suffisent, et, au delà, à l'approvisionnement de Paris en bois à brûler et à ouvrer. Or, comme ces forêts sont en amont de la capitale, la route qui en amène les produits est peu

coûteuse à traverser, et a été l'objet de tant
d'améliorations successives comme chemin
des eaux, que nous devons suivre, pour en
détailler les progrès, le rapport que M. Krantz
a fait à l'Assemblée nationale, en août 1872.
Ce rapport décrit complètement la partie
navigable de ce bassin destiné non-seulement
à approvisionner un des premiers marchés du
monde, mais à se relier au bassin du Rhône et
à celui de la Loire, tant pour augmenter les
débouchés des marchandises transportées que
pour ouvrir une route internationale entre le
Nord et le Midi, entre l'Est et l'Ouest, et
fournir même un contingent aux deux mers
qui nous entourent, l'Atlantique et la Méditerranée.

M. Krantz divise en quatre groupes, dans le
bassin de la Seine, le réseau des voies navigables, d'une longueur effective de 2,551 kilomètres, et il les subdivise ainsi : 1° groupe formé
par l'Oise canalisée et les canaux qui y aboutissent ; 2° groupe formé par la Marne et les
canaux qui la réunissent à l'Aisne, à la Meuse,
à la Moselle et au Rhin ; 3° groupe formé par
l'Yonne et les canaux du Nivernais et de
Bourgogne ; 4° enfin le groupe formé par la

Seine haute et basse et les canaux qui la réunissent à la Loire.

Le groupe de l'Oise est un des plus importants par sa canalisation complète; il relie à la fois la Belgique au nord de la France et au bassin de la Seine, fait correspondre la Sambre, la Meuse, la Somme et l'Escaut, et, par une suite de canaux, amène jusqu'à Paris toutes les marchandises encombrantes que les chemins de fer seraient incapables de transporter. Ainsi, venant du Nord, le canal de Saint-Quentin, qui part de Cambray en se soudant à l'Escaut, le canal international de la Sambre, de même que la Sambre canalisée, d'un parcours de 121 kilomètres, aboutissent au canal latéral de l'Oise, qui reçoit, en outre, par le canal de la Somme, tous les produits de la Picardie. Au-dessous, l'Aisne et sa partie canalisée, continuée par le canal des Ardennes, qui va rejoindre la Meuse près de Mézières, et dont le parcours n'a pas moins de 208 kilomètres, réunit à Compiègne les produits de l'Est, de l'Ouest et du Nord, et la batellerie n'a plus que 138 kilomètres de l'Oise canalisée pour gagner la Seine à Conflans-Sainte-Honorine, et remonter à Paris par le moyen d'un touage régulièrement établi.

Ces différents canaux, qui s'emboîtent les
uns dans les autres, et qui s'alimentent successivement par l'Oise et la Sambre, ont tous
un intérêt réel, et quelques-uns ont une histoire qui prouve leur utilité. Dès 1724, on
reconnut la nécessité de la jonction de la
Somme à l'Oise, et on en concéda l'entreprise
à un sieur de Marcy, qui, sans doute, en avait
conçu toute l'importance et en avait établi
tous les projets; mais, comme bien souvent il
arrive, l'homme d'initiative ne put aller jusqu'au bout de son œuvre et fut forcé de la
concéder à un de ces financiers, dont l'opulence
excessive ne provenait souvent que de leur
audace et de leurs chances. Ce dernier, du
nom de Crozat, put livrer à la navigation, en
1738, la partie du canal de Saint-Quentin, à
laquelle il eut l'outrecuidance de laisser son
nom. Heureusement pour la justice histo-
rique, Crozat, mort l'année même de l'ouverture de son canal, n'avait pu inculquer à ses
héritiers le goût fastueux de le terminer; et,
en 1767, l'État en racheta la concession et
compléta lui-même les travaux inachevés.
Enfin l'autre partie du canal, entreprise dès
1767, suspendue en 1773, puis reprise en 1802

ne fut terminée qu'en 1810, par Gayant. Ce célèbre ingénieur montra autant de science et d'activité que d'ordre et d'économie dans l'exécution d'une œuvre qui avait exigé deux souterrains, l'un, celui de Riqueval, de 5,670 mètres, l'autre, celui de Tronquoy, de 1,099 mètres ; aussi obtint-il de Napoléon Ier la décoration de la Légion d'honneur, première croix donnée à un membre du corps des Ponts-et-Chaussées, et une pension de 6,000 francs à titre de récompense nationale. Cependant, on était encore loin d'avoir rendu le canal accessible en tout temps. Il fallut, en outre, des travaux d'alimentation évalués à 4 millions, il fallut, faute de rivières latérales, lui amener de l'eau par des rigoles, et, chose singulière, l'État recula devant ce dernier sacrifice, et le laissa faire par un certain M. Honorez, moyennant une concession de vingt-deux ans, qui n'a pris fin qu'en 1859. Ainsi ce ne fut qu'au bout de cent trente-cinq ans que ce canal, d'une longueur qui dépasse à peine 96 kilomètres, indispensable à la navigation, et qui transportait, en 1868, 155,940,000 tonnes kilométriques, soit pour le parcours entier environ 1,600,000 tonnes, put être livré

au commerce qui, grâce à lui, opère annuellement, sur ses frais de transport, une économie d'environ 2,325,000 francs, d'après le calcul de M. Krantz.

L'histoire de la Sambre canalisée n'est pas
moins curieuse que celle du canal de Saint-
Quentin : c'est en 1696, à propos du siége de
Namur, qu'il vint dans l'idée des fournisseurs
de l'armée française d'employer pour leurs
transport la rivière de la Sambre. Malheureusement, ils n'en firent les travaux qu'en bois.
On continua, après la guerre, le même système de constructions provisoires, et bientôt
cette économie devint une ruine par la destruction successive de tout ce qu'on avait élevé,
et par les crues fréquentes et désastreuses
de la Sambre, dont le lit avait été exhaussé pour
y opérer des retenues, et qui était devenu im-
praticable aux bateaux, et dangereux pour les
riverains. Aussi les deux gouvernements de la
France et de la Belgique, impressionnés par
cette détérioration continue, s'unirent pour y
mettre fin en recommençant les travaux de
compte à demi, et la nouvelle voie navigable,
longue de 54 kilomètres, fut livrée en mai
1835. De l'idée de la canalisation de la Sam-

bre vint celle de la jonction de cette rivière à
l'Oise dès l'année 1763, mais elle ne fut mise
à exécution que par une loi du 24 mars 1825, et
livrée à la navigation qu'en 1839, avec un parcours de 67 kilomètres et une chute sur le
versant de la Sambre de 5 m. 60 centimètres
rachetée par trois écluses, et sur le versant
de l'Oise de 89 m. 48 centimètres, rachetés par
trente-cinq écluses. Malheureusement, ce canal a été concédé, au lieu d'être exécuté par
l'État, et sa concession, qui ne doit finir que
le 30 octobre 1937, est la cause du peu de succès de l'entreprise par une surélévation de
tarif, qui, par exemple, frappe un bateau de
charbon d'un jaugeage de 250 tonnes, de
1,040 francs de droits de Charleroi à Paris, ce
qui, d'après M. Krantz, fait plus de moitié du
prix courant des frais. « Ainsi, ajoute-t-il, les
« droits perçus par les gouvernements belge
« et français, pour un parcours de 224 kilo·
« mètres, ne s'élèvent qu'à 177 fr. 50, tandis
« que, pour un parcours de 130 kilomètres,
« les compagnies concessionnaires exigent
« 862 fr. 50 cent. » La batellerie conclut de ce
résultat si regrettable que, pour alléger d'environ 2,400,000 francs les frais de transport

il serait bon que l'État pût racheter une concession si onéreuse au commerce.

Une fois le chemin septentrional créé par l'appropriation à la navigation intérieure de la Sambre et de l'Oise, il était naturel de tirer parti de l'Aisne pour aller retrouver la Meuse, et desservir à la fois l'est et l'ouest de la Belgique. Ce fut dès le règne de Louis XIV que la pensée de cette jonction fut admise et étudiée. Pendant soixante ans, les projets et les propositions d'exécution en furent tour à tour débattus et repoussés; enfin, le 24 juin 1776, le prince de Conti obtint la concession du canal à tracer, sous le nom de canal de Champagne. La révolution imminente entrava les études, et cependant l'Assemblée constituante avait accordé, le 25 septembre 1791, un crédit nécessaire à cette exécution. Comment se fait-il qu'en 1820 seulement on commença ce canal si indispensable, et que ce ne fut que le 5 août 1821 que la Compagnie Sartoris présenta une soumission acceptable? Il est malheureux d'avoir à constater une pareille lenteur dans un travail si urgent, d'autant plus qu'on reproche à ce canal une longueur d'écluses qui ne permet pas aux grands bateaux du Nord de s'y engager, et qui nécessite à toute autre embarcation un allégement coûteux à cause d'un mouillage insuffisant, c'est-à-dire d'une profondeur d'eau qui n'est pas en rapport avec l'enfoncement des bateaux à pleine charge. Ces défauts qui entravent la fréquentation du canal et qui tôt ou tard amèneraient sa décadence complète, nécessiteront de la part de l'État un nouveau sacrifice pour rendre le plus tôt possible au courant des marchandises un débouché si précieux. L'Aisne, d'ailleurs, par son canal latéral, livré dès 1831, a attiré par cette voie perfectionnée des transports considérables, qui augmentent encore le succès mérité de la canalisation de l'Oise, pourvue d'écluses de 51 mètres de longueur sur 8 de largeur, et d'un mouillage porté à 2 mètres. Encore un effort de la part de l'administration des Ponts et Chaussés, et le groupe de l'Oise, qui traverse des pays si prospères, habités par des populations si actives, atteindra la perfection qu'on est en droit d'attendre de la science des ingénieurs.

Le groupe de la Marne était celui qui offrait le plus de difficultés à l'art de l'appropriation des eaux en faveur de la navigation. Singulière rivière que la Marne, au cours capricieux, bossué, rapide sur certains points, lent sur certains autres, à l'eau limoneuse et épaisse, au lit irrégulier, qui se précipite de Saint-Dizier à Vitry jusqu'à atteindre une pente de 0,76 cent. par kilomètre, qui se traîne entre Vitry et Épernay sur la déclivité du plateau de Châlons, et descend, toujours avec moins en moins de rapidité, jusqu'à Dizy, pour s'égarer en mille méandres à travers des prairies charmantes et des plantations pittoresques de peupliers et de saules. Ses caprices vont même jusqu'à changer momentanément de couleur. Honteuse de rester noire en recevant les ruisseaux limpides de ses prés et de ses bois, elle apparaît tout à coup claire et blanche en passant à Château-Thierry. Rivière de poëtes, du reste, plutôt que de mariniers, la Marne n'est bonne qu'à alimenter un canal latéral non moins gracieux, mais plus utile. Puis une fois parvenue en Brie, après avoir reçu le grand Morin, étrange affluent qui lui donne souvent plus d'eau qu'elle n'en veut, et qui lui amène des bateaux de bois et surtout de nombreux trains de charpente de la forêt de Crécy, elle semble s'impatienter de

ses primitives lenteurs, augmente de plus en
plus son courant et reprend une pente de 0,59
entre l'embouchure du canal de Saint-Maur et
la Seine. Jadis la navigation n'y était qu'in-
termittente, et, pour répondre aux exigences
de la plus absorbante des capitales, les mariniers en tiraient parti à tout risque, accumulant dans d'énormes bateaux autant de marchandises qu'ils en pouvaient contenir, attendant avec impatience les grandes eaux qu'on
évite habituellement avec tant de soin, et se
précipitant en plein courant avec une résolution qui ne manquait pas d'audace. Tant pis
si le vent contraire les faisait dériver en dehors du chenal; tant pis s'ils rencontraient
des arches trop peu ouvertes pour les recevoir;
tant pis si quelques troncs déracinés les em-
bâclaient dans une anse; une fois l'obstacle
surmonté, ils allaient toujours, jusqu'à ce que
les plus chanceux vinssent s'amarrer en face
du Louvre.

Aujourd'hui, il n'en est heureusement pas
de même, et la Marne si longtemps réfrac-
taire, est devenue d'une grande facilité de navigation, grâce à ses nombreux petits canaux
et surtout à son canal latéral, qui en corrige à

jamais les défectuosités. Aussi est-elle devenue la grande correspondante de tous les fleuves du Nord, et en la remontant depuis Charenton, nous la trouvons d'abord recevant le grand Morin, puis le surplus des eaux de l'Ourcq, dont le canal amène à Paris les riches produits de la forêt de Villers-Cotterets. Plus haut, elle est jointe à l'Aisne par un canal qui part de Berry-au-Bac, passe par Reims et aboutit à Condé-sur-Marne, entre Châlons et Epernay. Ce canal, de 58 kilomètres d'étendue, a coûté 19,441,997 francs de dépense d'établissement et n'effectue un transport annuel que d'environ 24 millions de tonnes kilométriques. Malgré son utilité indiscutable, puisqu'il abrége de 37 kilomètres la distance de Paris par la Marne au lieu de l'Aisne, ce canal, qui revient environ à 335,000 francs par kilomètre, plus du double de la moyenne ordinaire, justifie ce taux élevé par les obstacles naturels qu'il a rencontrés : d'abord il a dû gravir les plateaux crayeux de la Champagne, ensuite racheter par vingt-quatre écluses une hauteur inaccoutumée de 64 m. 38; enfin, faute de pouvoir profiter de la Vesle, qu'il remontait, on s'est trouvé dans la nécessité,

pour lui fournir une alimentation artificielle,
d'élever à l'aide de machines hydrauliques les
eaux de la Marne jusqu'au bief de partage.

Au-dessus de Châlons, à Vitry-le-François, se rencontre un rendez-vous de canaux :
d'une part, le canal de la Haute-Marne pousse
déjà jusqu'à Donjeux, au-delà de Saint-Dizier,
point extrême de la navigation, et d'autre part,
le canal de la Marne au Rhin y commence pour
s'y diriger par Bar-le-Duc, Ligny, Toul, Nancy,
vers des pays qui ne sont plus français, reliant ainsi la Marne à la Meuse, à la Moselle,
à la Meurthe et à la Sarre. C'est un travail
magnifique et l'une des principales artères
de la navigation intérieure. Il a près de 320
kilométres d'étendue, et compte 180 écluses,
rachetant 470 mètres d'altitude. Ses ouvrages
d'art sont aussi nombreux que remarquables:
souterrains, ponts, aqueducs, présentant de
successives difficultés d'exécution, qui toutes
ont été surmontées avec autant d'intelligence
que de bonheur. Un seul défaut peut lui être
reproché, celui de la dimension de ses écluses,
qui aurait dû avoir 42 mètres comme sur plusieurs canaux du Nord, au lieu de 38 m. 10 de
longueur utile. Il n'en est pas moins appelé à

mettre en communication la Manche avec la
Suisse et l'Allemagne méridionale, et, commencé en 1839, il a pu être livré à la navigation en 1853, et conduire pendant 17 ans
377,000 tonnes en parcours entier, et sur des
eaux françaises, jusqu'à Strasbourg. Aujour-
d'hui, cette belle œuvre de notre science hy-
draulique, qui, malgré ses nombreuses dépenses obligatoires, a coûté 100,000 francs de
moins par kilomètre que le canal de jonction
de l'Aisne et de la Marne, appartient pour un
tiers de son parcours à la Prusse, mais elle
n'en reste pas moins l'un des honneurs de la
France.

Si de la Marne, déjà si singulière dans ses
allures, nous passons à l'Yonne, *la mère de la
Seine*, comme l'appelle si justement M. Krantz,
c'est presque tomber de Charybde en Scylla,
c'est-à-dire d'une rivière fantasque à une rivière violente. Dans son cours élevé surtout,
elle procède par bonds et par chutes ; nourrie
par des torrents, enflée par des fontes de neige,
elle sort comme une druidesse des antres gra-
nitiques du Morvand ; elle en a la rigidité si
elle en possède la vigueur. Les gens du pays
haut l'appellent *la Lyonne*, confondant, inten-

tionnellement sans doute , son nom propre
avec celui de la reine des forêts ; et, seuls d'entre les animaux domestiques, les grands bœufs
blancs du Nivernais longent ses bords sans
s'émouvoir de son bruit. Descendant avec hu-
meur des plus charmantes montagnes de
France, aux croupes ondoyantes, aux pentes
harmonieuses, aux sommets boisés, à la couleur vive et fondue à la fois, elle s'attarde
quelque peu dans les étangs des plateaux ;
mais son destin veut qu'elle marche, et dès
lors elle s'irrite contre toute roche, se précipite
par tout escarpement, gronde, roule et ne se
calme que dans les prairies étagées qui précèdent Clamecy. Là, d'ailleurs, commencent les
tributs qu'elle reçoit de toutes parts : D'abord
le Beuvron grossi par le Sosay, puis la Cure
à Cravant, le Serain à Bassou, tous d'origine
morvandienne ; et enfin, comme si le Morvand
ne suffisait pas à la nourrir, l'Armançon, à
Laroche, lui apporte les eaux de la Bourgogne
et de la Champagne mêlées, ayant absorbé lui-
même dans son cours la Brenne qui vient de
Montbard et l'Armance qui vient de la forêt
de Chaource. L'Yonne alors, qui déjà possède
bien autrement l'amplitude et la majesté d'un

fleuve que la Seine, passante si modeste à travers la capitale de la Champagne, l'Yonne
daigne enfin à Joigny suspendre sa course
trop précipitée, et réduire de $0^m,67$ à $0,35$ sa
pente kilométrique. Mais, en revanche, au
lieu de ne débiter que 13 mètres à l'étiage et
500 mètres dans les grandes crues à Clamecy
comme à Auxerre, elle en débite désormais 17
ou 1,000 mètres par seconde, selon qu'elle est
basse ou haute, et son cours prend la largeur
de 80 à 100 mètres.

Comment dompter ces eaux perfides? comment les plier au joug de la navigation? Et
pourtant cette rivière va droit à Paris, et c'est
le seul écoulement possible d'une contrée
forestière. Aussi, dès le commencement du
seizième siècle, l'industrie locale en sut tirer
parti. Tous ces petits ruisseaux, qui l'alimentent en temps ordinaire et la gonflent en temps
de pluie, devinrent autant de sentiers pour
lui amener des bois. Au moyen de barrages
grossiers, mais suffisamment efficaces, on en
retint les flots pour les lâcher plus tard et leur
confier des bûches, dont on n'arrêtait la course
que sur les bords mêmes de l'Yonne. Et ce
n'était là encore que le commencement de la

tàche. Il fallait tirer ces bois de l'eau qui les avait charriés. Alors, des débardeurs, non habillés de velours et de dentelles comme ceux de l'Opéra, mais vêtus du sarrau des campagnards, les jambes nues et les mains rougies par le froid, entraient dans cette eau glacée des montagnes, en extrayaient les bûches amoncelées et les déposaient sur les berges, tandis que d'autres ouvriers les triaient par marques et les empilaient par essences. Alors un homme, dont l'invention est contestée, mais dont la mémoire reste vivante, Jean Rouvet, imagina de former un radeau de toutes ces bûches si péniblement réunies. Il les entassa sur deux pieds d'épaisseur, les relia avec des rouettes, les assujettit avec des perches, les divisa par coupons, et composa le premier de ces trains qu'un poète a dépeint en ces termes :

Ces longs serpents de bois qui descendent les fleuves.

Puis se faisant un garde-fou de quelques branches flexibles, s'armant, pour gouverner, d'un fort bâton de 17 pieds, terminé par une pointe en fer, il manœuvra si bien son radeau, avec un *compagnon* placé à l'avant, qu'il put déraper et gagner le chenal. Ici commencèrent ses difficultés et même ses dangers : pour conserver des eaux capables de porter les trains et de les faire flotter jusqu'en basse Yonne, on avait établi des arrêts qui s'ouvraient au moyen de pertuis ; ces pertuis formaient des chutes de deux à trois pieds, qui lançaient les trains d'un bassin dans un autre ; et les trains plongeaient de l'avant et se relevaient en noyant l'arrière. Malheur alors à celui qui, pris de vertige, assourdi par le tumulte de la cascade, perdait l'équilibre, tombé dans des tourbillons successifs, il pouvait y trouver la mort, ou, malgré toute son habileté en natation, demeurer accroché par ses vêtements sous le train qui aurait suivi le sien de trop près. Puis, quand, en basse Yonne, le premier pont apparut au premier flotteur avec son arche béante qui menaçait de l'engloutir ou de le briser, que ne lui fallut-il pas de sang-froid pour diriger son train juste au milieu du demi-cercle qu'il devait franchir ! Enfin, quand, malgré tous ces obstacles, Jean Rouvet parvint à Paris, quels ne furent pas sa sa joie et son orgueil ; car il venait d'inventer le flottage et d'ouvrir un débouché éternel aux produits forestiers de son pays d'origine !

Depuis l'époque de Jean Rouvet, le flottage s'est beaucoup perfectionné, et un système d'éclusées régulières fut établi par le commerce intéressé. Grâce à des retenues d'eau et des réservoirs assez vastes, on put obtenir, dans un parcours de plus de trente lieues, de 90 à 60 centimètres de surélévation, sur l'étiage ordinaire de l'Yonne. Ce flot unique de 1,500,000 mètres cubes environ, partant du haut de la rivière, la descendait deux fois par semaine, emmenant dans sa course les trains préalablement confectionnés, et les conduisant ainsi jusqu'à la Seine et de là jusqu'à Paris. Soit divergence de métiers, soit animosité de concurrence, la batellerie, qui profitait de l'éclusée sans entrer dans les frais incombant en entier au commerce de bois, sauf une part soldée par l'administration des coches pendant quelques années, la batellerie se plaignit à l'État d'être gênée, surtout dans la remonte, par le passage des radeaux et par cet appauvrissement momentané de la rivière après le flot, qu'en terme spécial on appelle l'*affameur*. Quelques personnes en outre, justement préoccupées des progrès de la navigation et du perfectionnement des transports, appuyèrent les réclamations des mariniers. Aussi l'État, convaincu d'ailleurs que le débit irrégulier de l'Yonne, et parfois son asséchement prolongé pendant les grandes chaleurs, annulaient l'importance du canal de Bourgogne, en bloquant, pour ainsi dire, à son embouchure, et pendant des mois entiers, la flotte qui venait de la Saône, se résolut à canaliser l'Yonne, malgré les difficultés de l'entreprise. Cette œuvre fut confiée à un ingénieur en chef aussi habile que distingué, qui, grâce à son expérience et à sa capacité, sut vaincre toutes les difficultés. Il parvint, en effet, à rendre à cette rivière rétive un cours plus calme et plus régulier, moyennant vingt-cinq barrages mobiles, accompagnés d'écluses, toutes disposées de façon à recevoir deux trains couplés, et à les faire passer en vingt minutes d'un bief dans l'autre. Malgré des frais plus élevés par la nécessité d'un halage de chevaux, le service des trains n'en persiste pas moins, et sans doute, il retrouvera dans la régularité d'une navigation continue, le moyen d'offrir toujours au commerce meilleur marché que la batellerie pour le transport des bois à brûler, outre d'autre part l'avantage pour les charpentes de tremper dans l'eau au profit d'une dessiccation plus lente.

Grâce à cette amélioration réelle, l'Yonne n'est plus un obstacle au succès des deux grands canaux qui y aboutissent, l'un, le canal de Bourgogne, l'autre, le canal du Nivernais. Ce dernier réunit le bassin de la Seine au bassin de la Loire, idée si utile qu'elle fut conçue dès le règne de Louis XIII, par Jean du Gert, son maître des digues. Pourtant, bien des années s'écoulèrent avant que cette heureuse conception pût se réaliser, et la mise en œuvre n'en fut commencée que le 10 août 1784. Comme toujours, la Révolution et l'Empire en suspendirent l'exécution; mais elle fut reprise le 14 août 1822, et livrée enfin au commerce vingt ans plus tard. Ce canal, partant de Decise et aboutissant à Auxerre, compte 174 kilomètres d'étendue, et rachète par 116 écluses, une différence de niveau de 240 mètres. Il a peut-être encore besoin de quelques perfectionnements, surtout en ce qui concerne sa hauteur d'eau, qui n'est que de 1^{m}50, réduite à 1^{m}20 dans les années sèches, mais l'amélioration même de la rivière, dont il emprunte le lit pour certains de ses biefs, ne peut manquer tôt ou tard de lui donner toute sa valeur.

Quant au canal de Bourgogne, c'est un de ces grands chemins auxquels on a toujours pensé. On en fait déjà mention sous François Ier et sous Louis XIV; on prétend que Pierre-Paul de Riquet, l'illustre concessionnaire du canal du Languedoc, fut invité à étudier sur place la jonction projetée du bassin de la Seine au bassin du Rhône. Est-il vrai qu'il remplit cette mission et qu'il déclara impossible la jonction qu'on désirait tant, c'est ce qui nous paraît quelque peu problématique, surtout quand on se souvient que Riquet n'était pas ingénieur et n'en avait pas acquis la science. Du reste, deux édits de Louis XV et un de Louis XVI prescrivirent l'exécution de ce grand travail, qui, commencé en 1775, suspendu en 1798, repris en 1808 et en 1822, ne fut enfin livré à la navigation qu'en 1832, à titre d'essai et sous la réserve de nombreux parachèvements. En effet, dans bien des places, il a besoin d'être creusé pour atteindre, comme d'autres canaux moins importants, une hauteur d'au moins 1^{m}80 à 2 mètres, tandis que son mouillage actuel ne dépasse pas 1^{m}50, ne procurant que 1^{m}30 de tirant d'eau utile. D'autre part, ses ponts ne sont pas tous

assez élevés, et ne permettent point aux marchandises encombrantes, charbons et menus
bois, d'être chargées sur les bateaux à une
élévation égale à celle dont on use sur les rivières. Il s'ensuit que, soit faute d'entrer assez
profondément dans l'eau ou de surélever l'arrimage autant qu'on pourrait le faire, les bateaux ne peuvent traverser cette artère princi-
pale de la France qu'à demi ou tout au plus à
trois quarts de charge. Comment voulez-vous
que, dans de pareilles conditions, le canal
puisse lutter avec ce voisin opulent et orgueil-
leux qui le borde pendant plus de vingt lieues,
et qui lui jette, comme pour le narguer, ses
nombreuses bouffées de fumée? Les ingénieurs
qui administrent le canal ont beau s'évertuer
pour le rendre de plus en plus praticable, les
fonds manquent à leur zèle, et nous ne conce-
vons pas que l'Assemblée nationale n'accorde
pas au perfectionnement si désirable d'une si
grande entreprise, ce qu'il lui faut pour réaliser tout ce qu'on attendait d'elle.

Rien de plus inférieur à la fougue et à l'ori-
ginalité de l'Yonne que la source vulgaire et
les commencements indécis de la Seine. Il est
vrai que la navigation ne s'en plaint pas et

que le jour où l'on voudra tirer sérieusement
parti de cette rivière, qui ne devient un fleuve
qu'à Montereau, on la trouvera docile à la volonté des ingénieurs autant que l'autre est re-
belle, et ses terrains propices aux travaux de
creusement autant que le granit du Morvand
est difficile à percer et à fouiller. Sauf le mont
Tasselot, dont l'altitude est de 620 mètres, tandis
que les *Bois du Roi*, dans le Morvand, atteignent
902 mètres, sauf les collines de la Côte-d'Or,
sur le flanc nord-ouest du bassin, avec leur tuf
jurassique plus perméable que le tuf primitif
du Morvand, sauf, disons-nous, une seule montagne à l'horizon, la Seine, dans sa jeunesse
indolente, n'est entourée que d'un assez pauvre pays, qui ne lui fournit qu'à peine de l'eau
pour vivre, et pour se traîner péniblement
jusqu'à Troyes, au bas d'une sorte de dos d'âne
qui sépare les vallons accidentés de l'Armançon des prairies profondes de l'Aube. Enfin,
arrivée à Marcilly, où elle reçoit l'Aube à laquelle elle doit la prolongation de son existence comme elle devra à l'Yonne, dès Montereau, la puissance d'un fleuve et l'empire sur
ses tributaires, la Seine se hâte de quitter le
sol ingrat de la Champagne, qu'elle descendait

du sud au nord, pour gagner par l'ouest un
pays plus productif et moins sec. Dès lors,
usurpatrice ou non de la gloire fluviale, elle
prend au-dessous de Montereau une ampleur
de flots, une largeur de rives qui la rendent
tout à fait digne de la magnifique vallée qu'elle
parcourt si majestueusement.

Sur la rive gauche, elle reçoit le Loing avec
indifférence, car elle est à peine affectée de ses
crues ; sur la même rive, la forêt de Fontaine-
bleau se regarde dans ses flots limpides, sans
s'y désaltérer. Enfin, après avoir absorbé à
droite et à gauche quelques petites rivières,
suffisantes pour abreuver les vallons intermédiaires de sa grande vallée, l'Essonne aug-
mentée de la Juine, l'Orge augmenté de l'Y-
vette, et l'Yères si charmante, la Seine emporte en passant les eaux troubles de la
Marne, et traverse Paris en s'y complaisant
en de gracieux contours, et en ne quittant qu'à
regret le département qui porte son nom, tant
ses boucles s'y multiplient, comme elles le feront encore aux approches et à la sortie de
Rouen. C'est là que, parcourant des contrées
de plus en plus riches et pittoresques, d'une
part, les collines en ballon qui précèdent la

capitale de la Normandie, d'autre part, les prairies fécondes qui se prolongent dans le département de l'Eure, dont elle reçoit la rivière si bienfaisante et si sage, c'est là qu'après avoir franchi des forêts qui s'inclinent sur ses deux rives, celle de Roumare, celle de la Londe, ainsi que les bois de Duclair et de la Meilleraye, ici se resserrant entre des collines, plus loin s'élargissant dans les plaines, elle atteint enfin son estuaire qui, après douze kilomètres, la plonge définitivement dans la mer. C'est là encore que son flot, souvent aussi abondant qu'une marée ordinaire, et continuant son cours, même pendant le flux, rencontre à l'équinoxe le flot du Labrador, qui se gonfle pour l'absorber, et jette sur le rivage une lame monstre, qui engloutirait tout si elle se répétait. Ainsi finit, après un parcours de 724 kilomètres, dont 657 sont navigables, ce fleuve superbe et généreux, qui n'exprime ses colères passagères que par des crues relativement rares et peu désastreuses.

Au point de vue de la navigation, la Seine de Paris à Montereau, n'a guère d'utilité que pour l'approvisionnement de la capitale, et quoique le canal de Bourgogne aboutisse à un

de ses affluents, elle n'a point encore vu s'y
établir un transit réel entre le nord et le midi.
Pourtant elle a une double correspondance,
d'une part avec la Loire par les canaux du Nivernais, de Briare et d'Orléans, et, d'autre
part, avec la Saône, à Saint-Jean-de-Losne,
par le canal de Bourgogne. Nos ancêtres ne
semblaient pas penser à de grandes voies de
navigation internationale, et se contentaient
de porter tous leurs désirs et tous leurs efforts
vers les communications de la France avec
ses différents bassins et avec les mers sur lesquelles elle possède des côtes. Ils rêvèrent
entre autres de hautes destinées pour le canal
du Languedoc; ce canal devait porter de la
Méditerranée à l'Atlantique, non-seulement
les navires du commerce, mais, au besoin, tous
les attirails de la guerre avec ses plus gros
vaisseaux. On renonça bientôt à cette idée
grandiose, mais impossible à réaliser. En se-
ra-t-il de même du songe fantastique qu'ont
fait les Parisiens en croyant leur capitale appelée à devenir tôt ou tard un port de mer?
S'il ne s'agit, en effet, que de surélever à 3 mètres le niveau des eaux, de Paris en Normandie, on n'obtiendra qu'un port de cabotage

avec des navires aux cheminées ou aux mâts
mobiles pour passer sous les ponts, qui ne se
gréeront que par parade, et qui exigeront un
matériel spécial parfaitement inutile en tout
autre lieu. Ce port, assez semblable à celui de
Rouen, ne pourra devenir qu'une annexe du
Havre, sans pouvoir jamais recevoir ses énormes navires transatlantiques, qui calent de
7 à 8 mètres.

Quoi qu'il en soit, il ne faut pas dédaigner,
même pour la marine fluviale, les projets d'a-
mélioration de la basse Seine; mais, quels qu'en
soient l'intérêt et le succès, il ne faut pas non
plus oublier, en sa faveur, le progrès des eaux
à maintenir, tant dans la haute Seine, de Marcilly à Montereau, que dans la partie en aval
de cette ville, où débouche le régime de canaux que nos pères avaient tant à cœur, et
qu'on nomme les canaux de Briare, d'Orléans,
et du Loing. Entrepris dès 1604, par ordre de
Henri IV et de Sully, le canal de Briare ne fut
abandonné temporairement que par suite d'erreurs techniques que réparèrent, en 1638,
Guillaume Boutheroue et Jean Guyon, lesquels le livrèrent au commerce en 1642. Malgré ses œuvres d'art qui ne sont plus en rap-

port avec le gabarit de nos bateaux, le canal de Briare n'en est pas moins utile et reste très-curieux, surtout à Rogny, où sept écluses superposées offrent l'aspect d'un vaste château d'eau, d'où montent, échelon par échelon, les bateaux qui vont du bassin de la Seine au bassin de la Loire. Il paraît que, dans le dix-septième siècle, la navigation du Loing était assez praticable pour qu'on pût atteindre, sans trop de risques, le premier canal construit en France, puisque le canal latéral du Loing n'a été concédé qu'en 1719, et terminé qu'en 1724. Ce fut le duc d'Orléans qui en obtint la concession, ainsi que celle du canal qui porte son nom, et qui nous semble une superfétation, puisqu'il n'aboutit, en réalité, qu'à une quinzaine de lieues en aval de l'embouchure du canal de Briare sur la Loire, et qu'il ne parcourt qu'une forêt de seconde valeur. Il est vrai que si cette forêt appartenait, au siècle dernier, à la famille d'Orléans, cette dernière avait besoin d'une route d'exploitation, tant le sol de cette contrée est spongieux et noyé de vastes étangs. Ces étangs, d'ailleurs, étaient une alimentation facile pour le canal projeté; mais on aurait bien dû, en prévision de l'ave-

nir, lui donner une hauteur d'eau au-dessus
de 1ᵐ 15, et une dimension d'écluses de plus
de 30 mètres de longueur. De pareilles défectuosités nécessitent à l'Etat, qui a racheté ces
canaux, d'assez fortes dépenses pour les mettre dans un parfait état de navigabilité.

En résumé, pour faire concevoir toute l'importance du bassin de la Seine, il nous reste à
emprunter à M. Krantz les totaux divers par
lesquels il termine son rapport sur les voies
ouvertes à la navigation : l'Oise en comprend
565 kilomètres ; la Marne 678 ; l'Yonne 534 ;
la Seine 774 ; et le total en est bien de 2,551,
comme nous l'avons indiqué en commençant.
Quant aux transports effectués, ils montent,
pour l'année 1868, à 1,286,200,000 tonnes kilométriques, soit environ 12,000,000 de tonnes
en parcours entier. En ce qui regarde les dépenses faites pour l'exécution de si nombreux
travaux, le total en monte à 471,488,530 francs.
Enfin, il s'agit d'ajouter encore à cette longueur
de voies un canal circulaire reliant entre elles
l'Oise, la Marne, la haute Seine, l'Yonne et le
canal de Briare. Partant de Chauny, on em-
ploierait la vallée de l'Aillette pour rejoindre
le canal de jonction de l'Aisne à la Marne, qui

passe à Reims, comme nous l'avons vu ; puis, remontant le canal latéral jusqu'à Vitry-le-François, on irait directement de cette dernière ville à Arcis-sur-Aube. De là, on arriverait facilement jusqu'à Troyes, pour aller rejoindre le canal de Bourgogne en aval de Tonnerre par la vallée de l'Armance. Une fois à Saint-Florentin, descendant par le canal de Bourgogne et l'Yonne canalisée jusqu'à 4 kilomètres en aval de Joigny, on se dirigerait vers le canal de Briare, qu'on atteindrait à Conflans-sur-l'Ouenne. Ce vaste canal de ceinture n'aurait pas moins de 216 kilomètres ; malheureusement, à partir de Vitry jusqu'à Joigny, il traverserait les pays les plus pauvres du bassin, pour ne retrouver quelques marchandises à débarquer ou à embarquer que vers la vallée de l'Armance pour Joigny ou Montargis. Quels chemins abrégerait-il? Tout au plus celui de Chauny à Reims ou à Châlons, et celui de Joigny à Montargis. Quant à cette traversée dans les contrées stériles de la Champagne Pouilleuse, elle ne serait tout au plus profitable qu'à la ville de Troyes, dont elle augmenterait l'approvisionnement, et la batellerie n'aurait aucun fret à attendre pour la moitié au moins

du parcours de cette ceinture, à moins que des
chargements d'engrais ne puissent s'effectuer
sur les terres les moins dépourvues du plateau
champenois. Nous ne voyons donc dans ce
projet qu'une idée grandiose en vue du para-
chèvement de nos voies navigables, d'un transit
futur qui n'est pas encore commencé, et d'une
correspondance plus active entre chaque contrée d'un pays déjà à l'apogée de son activité
et de son industrie. Nous croyons aussi que
la dépense de 79 millions que nécessiterait la
construction de ces nouveaux canaux ne devrait venir qu'après l'emploi des 65 millions
réclamés pour l'amélioration des voies existantes, et des 22 millions nécessaires au rachat
des dernières concessions. Nous savons bien
qu'il ne faut jamais s'arrêter dans le progrès
et le perfectionnement ; mais il est pourtant
une borne sinon aux projets, du moins aux
entreprises : qu'on la recule, rien de mieux ;
qu'on l'efface, rien de pis.

Maintenant que nous avons vu se développer sous nos yeux ce merveilleux bassin de
79,000 kilomètres carrés, contenant d'innombrables ruisseaux le sillonnant de toutes parts,
cent six cours d'eau tous dénommés, cinq ri-

vières qui passeraient pour fleuves dans bien des pays, seize canaux, dont sept de premier ordre, sans compter les rivières canalisées, maintenant nous pouvons juger des ressources qu'une pareille appropriation offre sur tous les points à l'agriculture comme à l'industrie, à la navigation intérieure comme au commerce. Tels sont ses bienfaits. Quels sont ses dangers? Ces derniers ne peuvent venir que des perturbations atmosphériques, qui, durant certaines années, occasionnent des orages successifs ou des pluies continues. Les orages ne sont redoutables que dans les contrées à pentes abruptes, qui précipitent avec fureur les eaux dans les vallées; et le savant hydrologue, M. Belgrand, inspecteur général des ponts et chaussées, constate que les crues d'été n'ont jamais été désastreuses dans le bassin de la Seine. Il n'en est pas de même des crues d'hiver; produites par des fontes de neiges ou par des pluies incessantes, elles débordent lentement et progressivement, et le riverain suit avec une inquiétude croissante cette augmentation, d'abord insensible à la vue et à l'ouïe, et qui, centimètre par centimètre, parvient fatalement à une hauteur pouvant tout à coup porter la dévastation à plusieurs lieues à la ronde.

Il résulte, en effet, de la continuité des crues que, dans les saisons pluvieuses, les moindres ruisseaux montent à une hauteur funeste à l'agriculture, et que les eaux du Nord peuvent devenir aussi dangereuses que celles du Midi. Dans le Midi, les fleuves et les grandes rivières seuls amènent des neiges, et les ruisseaux n'atteignent que dans les orages des proportions torrentielles. Dans le Nord, au contraire, la pluie continuelle peut provoquer des gonflements extraordinaires et menaçants dans de petites rivières, qui n'ont habituellement ni profondeur ni largeur, et qui se trouvent ainsi dans l'impossibilité de contenir ces masses roulantes les envahissant peu à peu. De là ces eaux qui se répandent, s'étalent, pénètrent partout, cherchant un niveau impossible, ici tombant dans un trou, là se précipitant le long d'une inflexion de terrain et formant un étang, que quinze jours de soleil n'absorberont pas ; plus loin, contournant un bâtiment agricole, séjournant dans ses caves, minant ses fondements, pourrissant ses poutres, et amenant tout à coup un écroulement immédiat, ou, à la longue, une ruine imprévue ; sans compter le bouleversement produit dans les terres labourables par cet envahissement des eaux qui courent sur le sol au lieu de tomber du ciel, ces sables qui encombrent les bas-fonds, ces rigoles si funestes aux plantes potagères et même à la semence des grains ; tous ces détails enfin d'une destruction lente et continue, qui n'a pas l'horreur d'une destruction instantanée, tout en accumulant des pertes aussi sensibles et souvent plus nombreuses. Un torrent tombe, roule, brise et emporte les arbres et les bâtisses, mais il passe avec rapidité ; il frappe rigoureusement ce qu'il atteint, mais il borne ses ravages, et laisse après lui le temps de les apprécier et de les réparer. Une pluie perpétuelle, au contraire, qui occasionne une inondation, pour ainsi dire, imperceptible, sans avoir le caractère violent et ravageur d'une fonte de neiges ou d'averses torrentielles, produit à la longue de bien autres désastres. Nous venons d'en énumérer quelques-uns, et il serait vraiment trop long et trop déplorable d'en développer les phases diverses et innombrables.

La science n'a encore trouvé de remèdes à

pareils maux que dans un système de digues,
inutiles à appliquer dans le bassin de la Seine,
et dans des réservoirs qui absorberaient le
trop-plein des crues. Mais elle a déjà appliqué
la télégraphie à la vigie des eaux. On peut, en
conséquence, avertir en temps opportun les
populations menacées, et permettre ainsi de
prendre toute précaution salutaire ou toute
résolution désespérée. Ce qu'elle a fait surtout
avec une compèlte autorité, c'est l'étude géo-
logique des terrains où la pluie tombée demeure
ou coule; et M. Belgrand a lu à ce sujet à
l'Académie des sciences une note dont l'ana-
lyse nous rendra compte de la formation des
crues et de leur persistance. Voilà dix-huit
ans que M. Belgrand a commencé ses observations, et avant d'en exposer les résultats, il
établit avec une grande lucidité que les eaux
sont plus ou moins retenues ou favorisées dans
leur écoulement, par leur absorption plus ou
moins effective aux points divers où elles se
produisent.

Il existe deux variétés principales de terrains : les terrains perméables et les terrains
imperméables. La terre végétale, une fois sa-
turée d'humidité, ne laisse égoutter des eaux

qui la chargent que la partie absorbable par le tuf. Or, quand ce tuf est en granit, cette pierre si dure, comme dans le Morvand; en liais, cette pierre si dense, comme dans le pays de Semur et de Montbard; en marne kimméridgienne, cette boue si compacte, comme dans l'Argonne, dans la Puisaye et dans les environs de Bray-sur-Seine ; en argile, cette pâte si ferme, comme dans le Gâtinais, la Brie et le Perche, les eaux ne demeurent pas sur ces terrains réfractaires à leur séjour ; elles gonflent, s'assemblent et se précipitent sur tous les versants qu'elles rencontrent. Dans les contrées, au contraire, où le sous-sol est formé d'oolithes, ces écailles pétrifiées qui laissent tant de jours entre elles, comme en Bourgogne et en Lorraine; où s'étend la craie blanche, comme en Champagne et en Normandie ; où s'accumulent les sables et les calcaires éocènes, comme dans le département de l'Yonne, dans le Soissonnais, le Valois, le Tardenois, le Vexin et la Beauce; enfin où s'agglomèrent le limon des plateaux et les alluvions des vallées, là, les pluies, trouvant un fonds plus facile à pénétrer, sont naturellement plus lentes à grossir les courants. Aussi les cours d'eau des terrains imperméables, que M. Belgrand n'hésite pas à nommer des *torrents*, éprouvent-ils des crues très-élevées, quoique heureusement de très-courte durée, tant les pluies sont promptes à ruisseler à la surface du sol. Quant aux cours d'eau qu'il appelle *cours d'eau tranquilles*, c'est grâce à leurs terrains perméables où règnent des sources souterraines, que leurs crues sont généralement peu élevées, mais d'une durée plus longue que les premières. D'autre part, si les cours d'eau torrentiels commencent tous ensemble et instantanément leurs crues, ces crues ne durent guère que quarante-huit heures dans toute leur intensité; tandis que les crues des cours d'eau tranquilles n'ont pas moins de quinze jours de durée. . Est-il enfin, comme le pense M. Belgrand, des cours d'eau assez inoffensifs pour ne pouvoir jamais être d'aucune influence sur les inondations? Nous l'espérons à l'avantage du bassin de la Seine, qui, en effet, n'a pas encore offert les dangers des bassins de la Loire et du Rhône. En tout cas, le maximum des crues de la Seine ne s'effectue qu'à l'arrivée à Paris des eaux torrentielles.

Eh bien! quelles sont les contrées qui pro-

duisent ces eaux torrentielles? C'est d'abord le
Morvand, dont les soixantes ruisseaux et rivières, roulant sur un granit primitif, impri-
ment à l'Yonne une course violente, qui ne
s'apaise qu'à Montereau, à son embouchure ;
c'est ensuite les pays à calcaires oolithiques,
qui, quoique en retard de quatre jours dans
leurs crues, pouvant par contre durer au moins
une quinzaine, maintiennent les eaux du fleuve
et l'empêchent de redescendre aussi rapidement que ses affluents torrentiels. Aussi, si de
nouvelles pluies incessantes provoquent une
nouvelle irruption des torrents morvandiens,
elles arrivent à faire croître le fleuve d'une
façon désastreuse par sa continuité. Ce que
nous venons de dire de l'Yonne s'applique
aussi à la Marne, quoique dans de moindres
proportions. C'est donc à Paris que la crue de
la Seine, ainsi que l'affirme M. Belgrand,
prend sa figure définitive ; car l'Oise, soumise
aux mêmes lois météorologiques et géologi-
ques, ne déforme pas cette figure, tout en aug-
mentant notablement la portée du fleuve.

Si les crues ont leur chemin tracé par la nature même des terrains qu'elles parcourent,
comment peut-on les prévoir, sinon les préve-

nir? M. Belgrand avoue qu'il n'a pas été possible jusqu'à présent d'annoncer les crues au moyen d'observations pluviométriques. Est-ce parce que les pluies d'été n'engendrent presque jamais de grandes eaux? est-ce parce que les pluies d'hiver occasionnent presque toujours des débords, qu'entre ces deux faits contradictoires la science hésite à tirer des conséquences qui règlent l'influence des pluies? Toujours est-il qu'on a remarqué que les petits affluents *torrentiels* atteignent leur maximum durant la chute même de la pluie. En effet, c'est par le grand Morin, petite et courte rivière qui traverse la Brie au-dessus de Meaux, et par le Surmelin, qui vient des plateaux de la Champagne, rive gauche de la Marne, et qui y tombe en amont de Château-Thierry, que la dernière crue a amené à Lagny deux mètres de plus qu'on n'en a constaté à Châlons et même à Épernay. Quelle que soit l'imperméabilité des terrains parcourus, n'y a-t-il pas dans cette abondance d'eau, produite par la pluie d'un seul canton, et débitée par des affluents si médiocres et sans pentes rapides, un mystère à pénétrer, dont l'étude pourrait avoir la valeur la plus sérieuse? En somme, puisque le plu-

viomètre est encore insuffisant pour présager
les crues, contentons-nous de reconnaître leurs
rapports exacts avec la course violente des
eaux provenant de terrains imperméables.
M. Belgrand en présente les résultats suivants : « 1° Le nombre de jours de crue à Paris,
« correspondant au passage d'une crue tor-
« rentielle des affluents , est en moyenne de
« $\frac{273}{81} = 3,37$; il est habituellement de 3 ou 4 ;
« 2° la réciproque est également vraie : lorsque
« le fleuve, à Paris, monte six à huit jours de
« suite, on peut en conclure que les affluents
« ont éprouvé deux crues ; lorsqu'il monte pen-
« dant neuf à douze jours, qu'ils en ont
« éprouvé au moins trois. La crue dernière a
« été produite par huit crues successives des
« affluents ; le rapport d'une crue à Paris à la
« hauteur moyenne de la crue correspondante
« des affluents , quand la crue n'est pas précé-
« dée d'une décrue, est $\frac{53,21}{26} = 2,05$; quand elle
« est précédée d'une décrue , ce rapport est
« $\frac{27,97}{18} = 1,55$. On peut donc annoncer trois ou
« quatre jours à l'avance une crue de la Seine
« à Paris, et calculer sa hauteur, lorsque le
« fleuve n'est pas en décroissance, en multi-
« pliant par 2,05 ou pratiquemment par 2, la

« hauteur moyenne de la crue correspondante
« des affluents ci-dessus indiqués : lorsque le
« fleuve est en décroissance, ce coefficient se
« réduit à 1,55 ; mais les résultats qu'on obtient
« sont bien plus incertains. Ces calculs ont été
« poussés jusqu'au 30 avril 1869, et ont donné
« des résultats presque identiques. »

En ce qui regarde la puissance des eaux relativement à leur provenance, nous avons vu que les plus menaçantes étaient celles de l'Yonne ; celles de la Marne, heureusement plus lentes à nous arriver, sont les plus compliquées, parce qu'elles peuvent provenir de trois régions également imperméables : les environs de Langres à cause de ses liais, les vallées de l'Ornain, de la Saulx, de la Chée et d'une partie de la Marne elle-même, à cause de leurs marnes kimméridgiennes, et le sol de la Brie, à cause de ses argiles à meulières. Quant à l'Oise, elle ne redoute en réalité qu'un seul affluent torrentiel, c'est l'Aisne, qui, cette fois du reste, a été tellement violente qu'elle a vidé les ports de tous leurs bois, embâclé un pont du génie militaire avec des grumes venant du haut, inondé les bas quartiers de Soissons et menacé Compiègne, dont heureusement

la crue précédente de sa propre rivière était
entièrement écoulée. Et que de désastres partiels, encore ignorés, ne seront connus et peut-
être aggravés que plus tard ! Car le rabais, en
certaines circonstances, est pire que le débord.
Quand les eaux commencent à baisser, elles
s'émeuvent, se réunissent, cherchent leur niveau, profitent de chaque pente, creusent au
besoin des rigoles qui enlèvent le reste de terre
végétale qu'avait épargné la première crue, et
laissent après elles les champs détrempés
avec des mares infectes, les murs ébranlés
avec une humidité persistante, les clos renver-
sés, les jardins ensablés, et partout des pa-
quets d'herbes flétries et une mousse sordide,
qui est comme la bave des inondations.

M. Belgrand achève sa note par la classification des crues de la Seine. C'est au-dessus
de quatre mètres que les chemins de halage
sont envahis et que la navigation de remonte
est suspendue. A cinq mètres, la crue est forte ;
à six mètres elle est dangereuse, à sept mètres
elle peut devenir désastreuse, même à Paris,
à ses extrémités les plus basses, à Bercy et à
Auteuil. Outre les inondations, rapportées
historiquement, mais non calculées scientifi-

quement de 1740, 1741, 1764 et 1779, on en
compte 27 sans comprendre la dernière, dont
quatre au-dessus de 6 mètres, et une seule de
7 mètres 45, celle qui parvint à son maximum
le 3 janvier 1802. M. Belgrand ne rapporte
aucun des désastres que cette dernière a sans
doute occasionnés, mais il constate qu'elle ne
fut produite que par le seul fait de 46 jours
de pluie. Nous devons observer que les crues
de la Seine sont relativement rares, et que des
inondations, semblables à celles qui désolent
trop souvent les bords de la Loire, du Rhône
et même de la Garonne, sont presque incon-
nues dans ce bassin privilégié, où le plus cor-
rect des fleuves réunit ses flots. En effet,
et comme assurance tranquillisante, sur
79,000 mètres carrés d'étendue, le bassin de
la Seine n'en compte que 20,000 susceptibles
d'amener torrentiellement leurs eaux surabondantes; 14,000 autres, composés principalement de la Basse-Bourgogne, sont plus lents
à former et à débiter leurs crues, tandis que
les 45,000 derniers, d'une innocuité rassu-
rante, sont incapables de grossir, avec la pluie
qu'ils reçoivent sans la rendre, les rivières
qui les traversent.

D'après ce calcul, faut-il s'endormir dans une quiétude parfaite? Ne faut-il plus s'inquiéter de ces pluies fines, mais incessantes qui, dans tous les ruisseaux, tombent d'abord goutte à goutte, puis se répandent à l'entour flaque par flaque, et bientôt, nappe par nappe? Doit-on oublier que le perfectionnement même, agricole et navigable, du bassin de la Seine, peut en devenir le danger? A tous ses *rus* aboutissent les tuyaux collecteurs du drainage, et partout les niveaux se sont élevés. D'une part, on conserve en tout temps des eaux que jadis l'été desséchait; d'autre part, les rivières, canalisées avec tant d'art, gardent, malgré les aspirations solaires, un cube liquide dont elles ne rejettent le superflu que par d'avares déversoirs. Et l'on s'étonnerait que le fleuve, qui naguère ne débitait en juillet que cinquante centimètres au-dessus de l'étiage, et qu'on maintient aujourd'hui à deux mètres en toute saison, s'accroisse si vite! Mais qu'on y songe, on a fait pour les crues la moitié de leur tâche, et c'est au moins un mètre d'avance qu'on accorde à toute inondation.

Assurément l'administration n'ignore ni ne

dédaigne de pareilles appréhensions. Elle a déjà beaucoup fait pour se rendre compte des crues , de leurs causes, de leur extension. Certes, tous ses agents s'emploient avec zèle à ce qui peut être utile et praticable ; certes, les conducteurs des Ponts et Chaussées, ces modestes mais utiles auxiliaires de nos ingénieurs, préviennent et conseillent les populations menacées par les grandes eaux, et, au besoin, dirigent les travaux de défense et de sauvetage ; certes, les gardes-ports, cette vieille institution qui date de Colbert, sans être plus mauvaise pour cela, ces dévoués entrepositaires des marchandises que le commerce leur confie, prennent contre les crues ordinaires toutes les précautions possibles, jusqu'à faire évacuer les terrains trop submersibles ; mais les uns comme les autres sont impuissants contre cette irruption brutale des flots, qui couvre tout ce qu'elle atteint, et qui, comme une invasion victorieuse, a pour elle le nombre encore plus que la force. Quelles ressources nouvelles pouvons-nous opposer à cet ennemi toujours menaçant ? Nous avons, dans les conducteurs des Ponts et Chaussées et dans les agents des ports, le cadre d'une armée de défense, nous en avons le savant état-major dans les ingénieurs, pourquoi ne tenterions-nous pas d'en organiser les troupes mobiles dans ces ouvriers spéciaux qui s'offrent pour les travaux des rivières, et qui formeraient des équipes distinctes et utilisables selon les besoins? Il y a là une tentative d'organisation à essayer qui mérite peut-être l'attention du gouvernement, et qui, en tous cas, assurerait et étendrait le système des informations, si nécessaires pour prendre des précautions efficaces ou pour fuir un danger imminent.

LA TRACTION.

Dans notre description du bassin de la Seine, nous avons énuméré toutes ses rivières et tous ses canaux navigables; nous avons suivi dans leur méandres bienfaisants tous ces ruisseaux qui s'échappent des roches, qui descendent des côtes, qui sourdent des fontaines, et dont le parcours est d'autant plus utile qu'il se prolonge plus longtemps, en offrant tout d'abord à l'agriculture l'alimentation et l'humidité dont elle a tant besoin, et ensuite à l'industrie une route facile à parcourir, sinon à rendre toujours utile et productive. Mais nous n'avions rien mis encore sur ces belles nappes d'eau qui remplissent les biefs de nos canaux, et sur ces courants limpides que charrient nos rivières. Et cependant, dès que le commerce l'exigea et que la sécu-

rité le permit, on s'efforça de tirer parti de
ces chemins tout faits que ne détériorent ni le
poids de ce qu'ils transportent, ni la continuité de l'emploi qu'on en fait. Les routes de
terre n'étaient, au fond des prairies, que des
profondes ornières transformées par la pluie
en marais, dans les pays élevés que des
escarpements raides et pierreux, que des chemins *montants, sablonneux, malaisés,* que déjà
les rivières portaient sur leur dos azuré des
radeaux de toute espèce et des bateaux, dont
le gabarrit n'a presque pas changé jusqu'à nos
jours.

L'homme est très-prompt à tirer parti de la
nature, mais il est très-lent à accepter le progrès et surtout à l'appliquer. Aussi verrons-
nous dans cette étude que, malgré les perfectionnements apportés par l'Etat aux facilités
de la navigation, malgré les dépenses considérables (plus de 471 millions) affectées à la
canalisation du seul bassin de la Seine, l'industrie marinière a été loin de concourir à ces
efforts et de s'évertuer avec assez de persévérance pour tirer un parti immédiat des mer-
veilles de l'art et des efforts continues de l'Administration. Est-ce la faute de cette industrie

si intéressante pourtant, mais si arriérée?
Faut-il conclure de son insuffisance au peu de
succès en France de l'initiative individuelle,
et à notre impuissance, pour ainsi dire endé-
mique, dans toute association que n'excite et
ne dirige point l'État? Si les chemins de fer
ont si rapidement réussi, c'est qu'ils ont été
l'objet des préoccupations et des faveurs législatives, c'est que, grâce à une publicité bien
entendue, à une discussion approfondie, à des
essais hardis et répétés, ils ont fini par devenir à la mode, et par obtenir cette confiance
financière qui agglomère les écus nécessaires
à tous les travaux et à toutes les entreprises.

Il ne devait pas en être de même des rivières, et ces routes, destinées dans l'avenir à
être les allèges et les compléments indispensables des routes ferrées, sont restées et demeurent encore dans un état de prostration
et de faiblesse relative, qui ne pourrait durer
qu'au détriment de la prospérité publique.
Comme toujours, toutes les sottises écono-
miques ont été invoquées ou appliquées dans
notre changement radical des transports. Les
routes de terre ont été abandonnées, le roulage a cessé, et la perturbation s'est mise aussi

bien dans son personnel que dans son matériel : les voituriers ont réclamé, pétitionné, et
se sont plaints de toutes parts ; on a prétendu
que la race chevaline serait abandonnée pour
ces monstres de fer dont les naseaux brûlants
rejetaient sans cesse une fumée épaisse, et
répandaient un calorique dont on n'a pas encore tiré parti. On se lamentait sans prévoyance et sans discernement, car le premier
effet des chemins de fer a été de multiplier les
transports, et par conséquent de remplacer,
par d'innombrables petits voyages, les grandes traites qu'entreprenaient autrefois les
rouliers et leurs épais chariots. La quantité
des transports partiels a remplacé la difficulté
et la lenteur des transports généraux, et le
bénéfice a été le même, et les voituriers ont
retrouvé des rénumérations plus nombreuses
et moins difficiles à réaliser.

Quant au chemin des eaux, il a eu tout
d'abord plus d'orgueil et plus de prétention :
il a voulu lutter, il a prétendu établir une concurrence impossible, et n'a pas su se restrein-
dre sagement au transport des marchandises
encombrantes, et qu'à la longue ne pouvait
pas lui disputer son rival. Ses efforts infruc-

tueux lui ont longtemps fait perdre un temps et un argent regrettables. Aussi semble-t-il être tombé dans un marasme qu'il lui faut absolument secouer pour sortir d'une phase si déplorable pour lui. Nous l'avons dit plus haut, l'État est loin de l'avoir abandonné à lui-même ; les sacrifices qu'il a faits, et qu'il est prêt à faire encore, doivent rendre au transport par les eaux une espérance sérieuse et une activité régénératrice ; c'est pour lui inspirer ces ressources du succès que nous allons rappeler successivement ses précédents si audacieux et si productifs, et que nous chercherons le rôle qu'il doit jouer et les efforts qu'il doit faire pour concourir, comme il lui appartient, à l'utilité et à la prospérité générales.

Il nous faut tout d'abord traiter des cours d'eau flottables qui sont plutôt un moyen de traction qu'une œuvre de la nature ou de l'art, et qui n'ont jamais été dotés de ces fonds d'entretien et d'amélioration qui assurent le perfectionnement de nos voies navigables. A mesure que des routes de terre se créent et s'ouvrent dans des pays jusque-là dépourvus de tout autre moyen de transports que le lit

de leurs torrents, on abandonne ces sillons
des orages, autrefois si appréciés, pour char-
rier les marchandises flottantes, et particulièrement les bois en bûches. Nous voyons
tous les jours diminuer le nombre de ces *flots*,
ainsi qu'on les appelait, qui, gardés d'étage
en étage dans les montagnes au moyen des
barrages rudimentaires dont nous avons déjà
parlé, emportaient tout à coup et descendaient
au bord des rivières des masses de bois qu'aucune voiture à bras ou à cheval, qu'aucun
chariot à bœufs n'auraient pu tirer de leurs
sommets presque inaccessibles. Aussi cette
industrie si ingénieuse et si habile du flottage
à bûches perdues devient-elle de jour en
jour une vieillerie dédaignée : il n'y a rien à
dire, c'est la loi du progrès. Les routes tournent aujourd'hui autour des montagnes les
plus escarpées, et, à force de patience et de
circuits, elles montent sur les sommets les
plus élevés, côtoient les abîmes les plus pro-
fonds, et amènent en toute sécurité, quoique
avec un peu plus de lenteur, les bois que jadis
on établissait sur des *allingres*, sorte de sentiers glissants qui les menaient jusqu'à la
cuvette de ces ruisseaux flottables, où on les

abandonnait au caprice des eaux. Souvent les bûches ainsi précipitées, sautant de chutes en chutes, dévalant les pentes dans une confusion inextricable, s'amoncelaient dans les bas-fonds et formaient des obstacles infranchissables à tout ce qui suivait : véritable transport du hasard, qui vous rendait plus ou moins avariées, plus ou moins diminuées, les masses de bois que vous lui aviez confiées.

Et pourtant ce premier usage des eaux torrentielles, comme moyen de traction, avait été à la longue très-habilement et très-judicieusement perfectionné. Si dans le principe il n'était que la résolution désespérée d'un propriétaire ou d'un acquéreur de bois pour tirer parti de sa chose en la déplaçant, il devint bien vite une industrie organisant, sur une assez vaste échelle, l'exploitation de toutes les forêts inaccessibles au voiturage, et dont les produits ne pouvaient être transportés que par le moyen de l'eau. Aussi que fit-on ? On choisit tout d'abord les ruisseaux dont les pentes étaient les moins abruptes, dont le cours était le plus régulier, dont les eaux étaient les plus abondantes. Puis on améliora le plus possible le lit de ces ruisseaux ; on en

éleva et consolida les berges ; on en facilita les
passages difficiles en contournant les roches
au lieu de laisser s'y produire des chutes. Tous
ces ruisseaux, une fois bonifiés dans leur
descente de la montagne, n'étaient pas encore
aptes à porter des bûches, dont le poids varie
selon l'essence du bois plutôt encore que selon
sa grosseur : si un pied d'eau, bien ménagé
dans un parcours de quelques lieues, pouvait
porter un rondin de bouleau ou de tremble du
haut en bas d'une colline et par des sinuosités
habilement préparées, un rondin de chène, au
contraire, d'un volume égal, mais d'un poids
presque double, aurait coulé en le lançant et
aurait, selon l'expression d'autrefois, immédiatement *encanardi*, c'est-à-dire serait devenu
ce qu'on appelle encore improprement un *canard*, car le canard n'a pas, que nous sachions,
l'inconvénient de ne pas demeurer sur l'eau.
Dès lors ce rondin devenait un obstacle au
passage des autres, diminuait la profondeur
du lit et empêchait tout usage du rû.

Il fallut obvier à cet inconvénient capital,
et on le fit par des réserves d'eau capables de
surélever au besoin les cours ordinaires, de
faciliter l'écoulage et d'assurer l'exploitation

qu'on s'était proposée. Dès lors cet usage de réservoirs spéciaux, et cet emploi des étangs naturels, dont on creusait le fond, dont on évitait la perte par des barrages solidement établis, devinrent le premier perfectionnement du flottage à bûches perdues. On put·donc obtenir la hauteur d'eau nécessaire pour mettre en route de divers points, d'étage en en étage de la montagne, les bois rassemblés sur les bords des ruisseaux préparés, et de ce jour le problème fut résolu. Le bûcheron va partout, il ne s'inquiète ni des pentes ni des anfractuosités de la forêt ; sa hache lui ouvre un sentier dans les fourrés les plus épais, sa cognée lui fait abattre tous les brins de futaie qu'il a choisis, et pourvu qu'il trouve une place pour les tailler, il saura plus tard les porter sur les bords les plus escarpés des ruisseaux de flottages. Alors, quand les deux berges étaient suffisamment couvertes, on lâchait les eaux nécessaires pour un flot, et à mesure que ce flot passait on y précipitait les bois amoncelés sur les bords. Une fois ces bois dans l'eau, comment s'y comportaient-ils ? Si le courant était violent, il en rejetait une grande partie sur les berges, sorte de rem-

parts qui maintenaient les eaux dans une ri-
gole plus rapide, et facilitaient l'écoulage des
bois emportés. Il fallait ensuite un nouveau
flot pour enlever ces bois restés sur les bords,
et que suivaient, jusqu'à leur arrêt, des employés spéciaux qui, au moyen d'*aspics* ou
crocs à double pointe, repoussaient les dernières bûches qu'un caprice du courant ten-
dait à rejeter sur les berges. Enfin ils arri-
vaient ainsi jusqu'à l'embouchure du ruisseau
dans une rivière où les attendaient des arrêts
de chevalet fortement établis, qui leur permettaient de s'amonceler sans se perdre, et
d'être ultérieurement empilés et triés selon
leur marque.

Le succès obtenu en forêt par le flottage à
bûches perdues s'étendit bientôt en plaine.
Naturellement on voulut tirer parti de la Cure
et de ses affluents aussi bien que de la Haute-
Yonne. Mais là commencèrent pour les flotteurs de bien autres difficultés que celles que
présentait la nature. On avait établi sur la Cure
des moulins, des forges et autres bâtisses élevées par les seigneurs des lieux et exploitées
par leurs gens. En voyant défiler du haut de la
montagne tous ces bois qui semblaient aban-

donnés, et qui suivaient le cours d'une eau qui
leur semblait leur propriété absolue, les
seigneurs du Morvand s'émurent, s'indignè-
rent, et ordonnèrent à leurs serviteurs d'arrè-
ter cette descente incongrue, et de confisquer
ces marchandises qui violaient leurs droits et
priviléges. D'un autre côté, les meuniers, bien
établis sur l'un et l'autre bord de la rivière,
baissaient leurs vannes, et refusaient à la
flotte de passer sans, au préalable, leur solder
un droit de passage de 58, 60 et jusqu'à 80 écus,
ainsi qu'il appert de plusieurs arrêts du Parlement. Les flotteurs se désespérèrent, et ne
surent d'abord à qui s'adresser pour faire valoir leurs droits et leur permettre leur industrie. Heureusement qu'ils destinaient la plus
grande quantité de leurs bois à l'approvisionnement de Paris, et c'est à cette ville qu'ils
eurent recours pour pouvoir effectuer leurs
transports. La résistance des seigneurs, meuniers et fermiers, fut longue, puisqu'on voit
qu'il fallut, pour la vaincre, nombre de sentences du bureau de la ville, plusieurs arrêts de
la cour, de 1572 à 1595, et certaines lettres-patentes accordées à des individus, invoquant le
chapitre 55 de l'ordonnance de février 1415,

qui avait cherché à défendre les marchands *souventes fois destourbés, empêchés et grandement endommagés* dans leurs transport par les eaux.

Ainsi trois règnes suffirent à peine pour constater le droit et maintenir l'usage. Aussi voyons-nous que les flotteurs durent successivement obtenir, d'abord le passage de leurs bois sur la rivière libre, ensuite l'ouverture des vannes qui l'obstruaient moyennant une indemnité fixée par la loi ; ensuite le pouvoir de faire lever ces vannes, et même au besoin de les briser avec l'appui des gens de justice et d'armes ; puis le privilége de repêcher leurs *canards* que les fermiers s'attribuaient en leur absence ; enfin l'autorisation de faire toutes perquisitions et recherches des bois dérobés. C'est à la persistance des marchands, qui ne cédèrent devant aucun obstacle, c'est au courage des flotteurs qui surent résister à des menaces même à main armée, c'est surtout à la protection de la royauté, du parlement et de la ville de Paris qu'on doit l'usage définitif des eaux flottables et plus tard la législation qui l'a garanti et l'établissement des compagnies qui l'assurent, compagnies dont nous parlerons ultérieurement dans notre chapitre du *trafic*.

On attribue à tort aux sieurs Tournouer et Gobelin la première institution du flottage à bûches perdues. Nous venons de voir que bien avant la sentence du bureau de la ville, rendue en faveur de ces derniers le 28 juillet 1656, et corroborée par des lettres patentes du mois de mars 1662 registrées en Parlement, l'emploi des ruisseaux et même de l'Yonne et de la Cure comme transport de bois avait été l'objet d'une industrie spéciale et la cause de l'intervention de l'Etat. Aussi bien Jean Rouvet, inventeur des trains, date de 1549, et n'a fait sa découverte que pour aider au transport des bois arrivés par flottage à bûches perdues, et parce que la batellerie était insuffisante à mener jusqu'à Paris ces masses considérables de marchandises agglomérées et entassées depuis Armes jusqu'au-dessous de Clamecy. Il y a, d'ailleurs, dans nos archives, de très-anciennes mentions du commerce de bois, et des preuves irrécusables et de son intelligence et de son industrie. Il a besoin d'aide, et il réclame l'appui de la municipalité de Paris, en lui prouvant l'utilité de son approvisionnement. Il a besoin de protection, et il s'adresse au Roi et au Parlement pour être défendu contre les exactions des seigneurs et contre la cupidité des meuniers. M. Frédéric Moreau cite dans son *Code du commerce des bois carrés*, si bien compulsé et présenté chronologiquement, deux actes du XIIIe siècle concernant le commerce des bois ; mais l'un n'est qu'une question fiscale : il s'agit d'imposer d'un denier *tout myrien à doler*, c'est-à-dire toute pièce de charpente ; et l'autre n'est qu'une mesure de police qui ne permet pas de défaire le lien des fagots pour en diminuer la circonférence. En 1415, au contraire, sous Charles VI, apparaît la première ordonnance générale qui servira à rédiger, deux siècles et demi après, la grande ordonnance de 1672. On y trouve déjà la mention de la lettre de voiture, le temps de séjour sur les ports, la fixation du local de ces derniers dans l'ancienne île Louviers, la distinction des marchands de Paris ayant chantiers en ville avec les forains qui n'ont le droit de vendre que dans leurs bateaux, la défense renouvelée du mélange de marchandises et de la diminution de leur cube ou de leur pourtour, enfin la première mention des chemins de halage et

leur fixation à 24 pieds de large pour le trait
des chevaux et la facilité de la navigation.

A l'article 24 de cette ordonnance de 1415,
M. Frédéric Moreau relève l'expression de
flotte, appliquée à des trains de charpente, et
en tire la conclusion que le flottage des bois
carrés était connu 150 ans avant l'invention
du flottage des bois à brûler, qu'on attribue,
dit-il, à Jean Rouvet, en 1549. On a beaucoup
discuté sur la valeur de la découverte de Jean
Rouvet; on a voulu arracher à ce modeste inventeur la palme toute spéciale que son industrie et sa persévérance lui ont acquises; quelques personnes enlèveraient volontiers du
pont de Clamecy son buste qu'on a placé sur
l'arche marinière. Quant à nous, nous croyons
que c'est faute de juste appréciation qu'on ne
rend pas à Jean Rouvet la justice qui est due
à sa mémoire. Certes on ne l'avait pas attendu
pour confier au courant d'une rivière des soli-
ves de bois rudimentairement rattachées; tout
le monde sait que les traditions orientales
rapportent qu'on confiait aux eaux rapides du
Tigre les sapins, les cèdres et les chênes du
Caucase pour les faire descendre à Babylone;
certes on ne dénie pas que plus tard en Amé-

rique les grands fleuves furent toujours remplis de radeaux : mais qu'était-ce que ces radeaux ? Les anciens étaient en grume, les modernes en bois carré ; mais les uns comme les autres n'étaient déposés sur les eaux que par unités et reliés qu'en *brelle*, c'est-à-dire qu'aucune pièce n'était superposée, et qu'elles ne se maintenaient ensemble que par des liens de fer ou de bois avec plus ou moins de distance séparative. Ces pièces étaient d'ailleurs d'une longueur favorable à leur flottage et à leur rapprochement, tandis que le bois à brûler, d'une longueur réglementaire de 3 pieds et demi, d'une circonférence aussi variée que chaque brin de menuise ou de rondin peut le présenter, était incapable de flotter côte à côte sur une seule couche, et que, le pût-il, on eût été fort en peine de le diriger et qu'on eût fait d'ailleurs d'immenses trains pour un petit volume de marchandises. Il fallait donc une sorte de construction préalable d'une épaisseur de deux pieds environ, et en disposer si habilement les morceaux d'après leur pesanteur et leur grosseur qu'elle formât un cube flottable, quitte à en racheter les trop grandes pesanteurs partielles par tout moyen possible d'allé-

ggement. C'est cette construction difficile, mi
nnutieuse et problématique que Jean Rouvet
bdécouverte, et qui semble depuis lui n'avoir
qpresque pas varié. Pour en comprendre toute
lla minutie et tout le soin, il nous suffira de
ociter la composition d'un train actuel d'après
lle *Dictionnaire de l'approvisionnement de Paris*,
ɔ de Pierre Rousseau :

« Chaque train de bois de chauffage se com-
» « pose de dix-huit coupons en deux parts dis-
» « tinctes, par tête et queue de chacune neuf
› « coupons. Un coupon prend quatre branches
› « dans lesquelles il entre six mises ou portion
› « de vingt-six pouces, liens compris, plus deux
› « petites mises de quatre pouces environ (11
› « centimètres), appelées *acoulures*. Ces mises
› « sont contenues chacune, d'abord en tête par
› « deux rouettes doublement croisées, appelées
· « simples *coupières*, puis par deux autres à la
· « fin de chaque mise, dites *rouettes de tête*,
· « liées à simple tour ; les deux acoulures le
« sont par des rouettes également liées à un
« simple tour, mais qui se tournent double-
« ment vers le bout du chantier et terminent la
« confection de la branche en faisant un nœud
« comme une rosace. Toutes ces différentes

« rouettes, ainsi que les simples coupières,
« sont passées sur le chantier de dessous pour
« lier ensemble celui de dessus et contenir le
« bois de chaque mise ou acoulure. Chaque
« branche ayant six mises et deux acoulures
« couchées en travers sur 4 brêches de 42 pou-
« ces (1 mètre 14 centimètres), le coupon a
« donc 14 pieds carrés environ (4 mètres 547
« millimètres), la part contenant neuf coupons
« 126 pieds de long, le train 252 pieds (31 mè-
« tres 860 millimètres). »

Du temps de Jean Rouvet, il semble que le
train n'était composé que de 14 coupons, de 4
grands moules ou 4 moules et demi, et formait
ainsi 60 grands moules de bois, chaque moule
de soixante bûches, soit 3,600 bûches par train,
employant environ 3 milliers de liens ou
rouettes, ainsi qu'il ressort d'un arrêt de la
Chambre de réformation des eaux et forêts de
Normandie, qui se préoccupe de ne point laisser
prendre en forêt, pour l'usage des rouettes, les
jeunes balliveaux qu'on voulait réserver et
laisser pousser en haute futaie. Supposez donc
une vaste échelle renversée sur le sol, et dont
on remplit les espaces libres entre les échelons
d'un cube de bois de 18 à 24 pouces, et qu'on

dispose de façon à résister aux secousses des
baissiers, c'est-à-dire des passages à eau peu
profonde, de la submersion momentanée des
pertuis, de la rapidité des chutes, du choc des
courbes, enfin de tous les accidents de navigation, et vous comprendrez que ce n'est pas
un radeau ordinaire que le train inventé par
Jean Rouvet. Aussi lui fallut-il autant d'ingé-
niosité que de patience pour former la proue
de son chantier flottant avec des bois légers,
la poupe avec des bois solides, les faces exté-
rieures assurées par des liens assez nombreux
pour retenir et serrer entre elles les soixante
cases qu'il faisait flotter à la fois ; et, d'après
tout ce travail si bien ordonné, on pourra
laisser sans scrupule son effigie sur les jetons
et en tête des actes du commerce de Paris, qui
le premier a profité et profite encore de l'invention si économique de ce transport des bois.
Jean Rouvet n'eut pas, d'ailleurs, tout le bénéfice de sa découverte, car ce ne fut qu'en 1566
qu'un nommé René Arnoult, son successeur,
obtint des lettres patentes de Charles IX, qui
levèrent tous les obstacles, vainquirent toutes
les difficultés qu'avait rencontrées l'inventeur
qui, comme presque tous ses semblables, ne

tire pas profit de son invention. Si donc il y a
perdu sa fortune, n'est-ce pas une bien natu-
relle compensation qu'il y ait gagné sa renom-
mée ?

Depuis l'époque de Jean Rouvet, le transport par trains a pris une extension considérable. Comme nous le verrons à propos des compagnies instituées, il est devenu le véritable bo-
nificateur des eaux de l'Yonne. Grâce à l'acqui-
sition de la propriété des étangs du Morvand,
grâce à leur appropriation pour garder ou
lâcher leurs réserves selon les besoins du flottage, grâce surtout à un système d'éclusées,
qui surélevait, pendant 3 à 4 heures de temps,
les eaux de la rivière dans tout son parcours, la
navigation pouvait profiter de ces crues factices
comme d'un bienfait imprévu, dont la batellerie n'était pas toujours reconnaissante. Deux
fois par semaine, régulièrement, l'éclusée partait d'Armes avec un flotte de 30 à 36 trains,
dont les 18 coupons traversaient dans leur
unité les divers pertuis jusqu'au-dessous
d'Auxerre, à Régennes, où les bords plus lar-
ges de l'Yonne permettaient le couplage de
deux trains, formant ainsi 10 mètres au lieu
de 5 de largeur, et occasionnant une économie

de deux conducteurs jusqu'à Paris. Cependant, malgré l'abondance des éclusées, l'appauvrissement de la rivière nécessitait parfois une assez forte diminution d'épaisseur dans les trains, et par conséquent de quantités de bois transportées. Par les basses eaux la hauteur d'un train descendait jusqu'à 55 centimètres, au lieu de 70 d'épaisseur normale. Aujourd'hui, grâce à la navigation continue, tous les trains sont flottés à la hauteur de l'eau ordinaire, c'est-à-dire à 70 centimètres, et contiennent environ 24 à 25 décastères au lieu de 20 à 22, soit un tonnage de 140 tonnes. N'est-ce pas là un véritable navire, façonné avec autant d'intelligence que d'utilité, dont l'avant léger et l'arrière lourd permettent une direction facile dans le courant ou un halage par un seul cheval dans les eaux mortes, dont toutes les pièces sont formées par la marchandise elle-même, dont la membrure est composée par des couches toutes taillées, les compartiments par des perches et le reliage par des rouettes, lesquelles sous le nom d'*étoffes*, ont aussi une valeur de bois à brûler? Et ce navire ingénieux, qui ne fait qu'un seul voyage si productif et si bon marché, vous voulez le voir disparaître

comme un reste de la grossièreté de nos pères
et des rudiments de la navigation?

Une pareille condamnation n'est-elle pas un
de ces préjugés modernes où nous entraîne
l'amour excessif du progrès, ou plutôt du changement? Toute invention utile a en soi sa raison d'être, toute économie de transport a sa
raison de durée. C'est une persistance bien
entendue dans les bonnes institutions passées
qui fait naître les progrès les plus sensibles,
en éveillant le génie des découvertes, et en
excitant la concurrence par son bon côté, c'est-
à-dire le perfectionnement et surtout l'économie des moyens employés et offerts.

Ce fut en imitation des trains de bois à brûler
que les trains de bois de charpente passèrent
du flottage à pièces uniques au flottage à pièces
redoublées. Les pièces uniques rapprochées
l'une de l'autre selon leur longueur et leur épaisseur, rattachées ensuite par des cordes de bois
tordu, assez semblables à nos cordes à puits,
furent le résultat de l'invention rudimentaire
de l'homme primitif, et se sont appelées de
tout temps des radeaux ; mais ce ne fut réelle-
ment que la construction ingénieuse du train
de bois à brûler, qui donna l'idée de super-

poser les charpentes en vue de leur navigation, de les diviser en coupons, sorte de petit navire de 14^m,25 de long sur 4^m,45 de large, et d'une épaisseur variable de 45 à 70 centimètres, selon la hauteur des eaux et la force des courants. Puis on relia ces différents coupons les uns au bout des autres, de façon à former un véritable convoi de 4,8 et jusqu'à 16 coupons. Le coupon s'établissait tantôt dans l'eau, tantôt sur terre ; mais on renonça bientôt à le confectionner dans l'eau, tant à cause des difficultés du travail que de la peine des ouvriers, et on préféra l'établir en pente douce appuyée sur de petites pièces de charpente, véritables coulisses appelées *collières*, et qui permettent de le lancer à l'eau, comme tout autre navire, une fois qu'il est composé de tous les morceaux qui assurent sa solidité, du cube de bois le plus épais qu'on a pu obtenir, et des perches, appelées *chantiers*, qu'on a placées en travers du coupon pour en maintenir les diverses parties en dessus et en dessous, de façon à pouvoir accoler le tout, et le serrer autant que possible. Une fois à l'eau, on en rachète la pesanteur par des futailles vides, adaptées de place en place, sorte de vessies en bois dont l'extrême légèreté relative maintient sur l'eau le sommet du train, permet à ses conducteurs de le traverser de bout en bout, et de le conduire avec des perches dont on se sert comme rames ou comme *picots*. Ce qui a fait le perfectionnement du train de bois de charpente, c'est que l'expérience à appris à en choisir les pièces diverses de la façon la plus favorable à la navigation. Ainsi on l'allége à l'avant pour fendre l'eau, et on l'alourdit à l'arrière pour assurer sa direction. Aussi les coupons de tête et de queue forment un vrai navire plus ou moins maniable, et qui sera, selon sa confection, plus ou moins rapide à suivre les méandres de la rivière, ou plus ou moins facile à être halé sur les canaux par des chevaux et plus habituellement par des hommes. Ces derniers ne font que 10 kilomètres par jour; il en faut deux par huit coupons, subdivision forcée du train pour passer dans les écluses. Il n'y a rien de plus triste à voir que ce halage pénible et lent par deux hommes essouflés, qui tirent leur radeau de chaque côté du canal par une corde adaptée à une bretelle, dont chaque pas est une peine et dont chaque accident devient une douleur. Il serait bon de songer à faire faire cette besogne par des chevaux qui pourraient traîner un plus grand nombre de coupons, et qui n'offriraient pas le spectacle affligeant de ces pauvres êtres qui geignent à chaque effort qu'ils essaient, et s'arrêtent souvent pour reprendre haleine et essuyer leur front.

Quant aux trains de bois en grume, c'est-à-dire de bois non équarris et encore revêtus de leur écorce, par suite même de leur rotondité et de leur lourdeur, on ne peut les maintenir sur l'eau et les conduire qu'en *brelle*, sur un seul morceau de profondeur et rattachés solidement les uns aux autres. Voilà les véritables radeaux, connus de tout temps, qui descendirent sur le Jourdain des cèdres du Liban pour le temple de Salomon, et plus tard sur le Tibre des chênes des Apennins pour les empereurs de Rome. Mais encore une fois ce n'est pas là une construction fluviale, c'est tout au plus l'usage ingénieux mais primitif d'un courant qu'on veut utiliser. On flotte au contraire les sciages de chêne, à peu près de la même manière que les sciages de charpente. Comme pour ces dernières, les cales ou ateliers de flottage doivent être établis en pente douce jusqu'au niveau de l'eau, de façon que les coupons ne risquent, au moment de leur lancement, ni de se briser, ni de se disjoindre, ni de se précipiter au fond des bassins, de manière à en soulever le sable et à former des sillons nuisibles au passage des bateaux. La cale une fois bien établie, on y distribue à 1 mètre ou 2 de distance deux, quatre ou six morceaux de petite charpente de 7 à 8 mètres de longueur, nommés *coulottes* au lieu de *collières*, et on en arrête le gros bout sur la berge, tandis qu'on enfonce dans l'eau le petit bout aussi avant que possible. Ensuite on plante légèrement dans chacune de ces coulottes un piquet d'environ 1 mètre de hauteur, nommé *valets*, véritables jalons qui doivent limiter et supporter la paroi extrême du coupon. Puis on marque sur chaque coulette la largeur que doit avoir l'assemblage des sciages, et l'atelier se trouve ainsi établi pour confectionner autant de coupons qu'on en veut lancer.

Dès lors les flotteurs commencent la construction du coupon, en plaçant le long des valets une première colonne de planches posées à plat l'une sur l'autre, et d'une épaisseur qui ne dépassera pas 70 centimètres. Ce premier rang, appelé *mise*, étant complété, on fixe en dessous des perches d'environ 5 mètres de longueur, qu'on relie par des colliers de rouettes solidement tressés, et qui forment comme la boîte flexible, qui servira à relier la première mise avec la seconde par une bride faite également avec une hart tordue, et qui terminera le coupon et le rendra solide et navigable.

Dès lors on peut enlever les valets et pousser à l'eau avec des leviers le premier coupon, puis successivement former une *part* de deux ou trois coupons, assujettis eux-mêmes par de grandes perches qui s'étendent sur chaque *rive* et permettent, au moyen de grosses chaînes faites de rouettes tressées appelées *coupes*, de réunir ensemble les éclusées des canaux et de former un train dès qu'on est arrivé en rivière. Il faut donc distinguer deux espèces de trains, aussi bien pour la charpente que pour les sciages, les trains de canal et les trains de rivière. Les trains de canal n'ont nécessairement que la longueur à laquelle oblige le passage des écluses. Les trains de rivière, au contraire, dans l'intérêt économique du transport, comme aussi pour plus de facilité de navigation, s'allongent de trois ou quatre *éclusées* de canal, prennent la forme d'un long serpent tortueux, qui, grâce à des charnières flexibles, véritables anneaux se pliant à tous les mouvements, rampe sur la surface des eaux, et se sert de son propre mouvement pour avancer sans peine et atteindre son but. N'y a-t-il pas dans toutes ces confections, si bien appropriées à l'usage qu'on en fait, une intelligence et une industrie pour le moins égales à la construction des bateaux ? Malheureusement cette invention ingénieuse n'a plus de progrès à espérer ; aussi ses partisans les plus raisonnables pensent-ils qu'elle doit tôt ou tard disparaître : c'est une question de temps, et surtout de coût de transport.

Ce qui caractérise la batellerie de nos rivières, c'est qu'elle n'a généralement opéré aucune modification sensible à ses formes et à ses capacités. Grâce à des parcours dont le danger n'était jamais à la surface de l'eau mais seulement au fond, elle a pu conserver sans inconvénient la forme du carré long, le fond plat, les côtes perpendiculaires et une profondeur en rapport avec le poids et les objets qu'elle transportait. Sans avoir à se

préoccuper du mouvement des flots qui ne dépasse généralement pas 25 centimètres de hau·
teur dans les plus grandes tourmentes, elle a
pu toujours s'enfoncer dans l'eau de presque
toute la profondeur du bateau et ne maintenir
que sur ses plats bords un chemin étroit pour
aller de l'avant à l'arrière. Sans crainte qu'une
lame indiscrète ne vienne compromettre son
équilibre, la batellerie a toujours pu flotter au
ras des surfaces, et par conséquent ne s'occuper que des accidents pouvant survenir par
la rencontre d'une roche, d'un banc de sable
ou d'un appauvrissement momentané du cube
d'eau auquel elle se confie. Cette sécurité
contre les accidents atmosphériques, coups de
vents et tempêtes, a déterminé ses formes, et
limité ses progrès. De quoi s'agissait-il pour
elle en effet? De fortifier ses fonds et ses côtés,
de doubler sa cale de façon que la détérioration d'une première planche n'amenât pas une
voie d'eau compromettante, d'assurer à sa membrure une solidité capable de supporter certains chocs inévitables contre des berges rocheuses ou contre des perrés.

Quant à son erre, il fallait moins le précipiter que le rendre conforme au courant qui le mène et le détermine. Le bateau de rivière, en effet, n'a besoin, que de diriger une force qu'il ne produit pas, puisque c'est le courant ou le halage qui le conduisent à la descente ou à la remonte. La voile n'est employée que sur certains fleuves, jamais sur les rivières : la Seine même n'en use que dans sa partie maritime, et la Loire dans sa remonte. Partout ailleurs l'absence de préoccupation d'un mouvement à créer pour se constituer une marche régulière a dispensé le marinier d'user de la voile, qui d'ailleurs eût été impossible à employer dans bien des cas, tant à cause des méandres des eaux qui font varier à tout instant la direction du vent, qu'à cause du rapprochement des berges, qui, rétrécissant le chenal, empêcheraient d'y gouverner de façon régulière et utile. Enfin les ponts nombreux à arches basses et peu cintrées mettraient obstacle à tout établissement fixe d'une mâture, ou nécessiteraient des manœuvres si répétées qu'elles retarderaient plutôt qu'elles ne hâteraient la marche du bateau. Il s'est donc toujours agi de maintenir purement et simplement dans le courant le bateau une fois lancé, soit par un gouvernail d'une seule

pièce, soit par un gouvernail brisé, soit même
par des apparaux mobiles capables de tenir
droit le bateau ; et dès lors qu'il se dirige par
l'arrière, ou par l'avant, qu'il *file* ou *cajole*,
c'est-à-dire qu'il suive le courant tel qu'il se
rencontre, ou qu'il lui oppose le plus de résistance possible pour en diminuer la trop grande
rapidité, et surtout pour n'être pas précipité
contre des arches au remous tourbillonnant,
c'est à l'habileté de ses guides, plutôt qu'à la
perfection de ses formes qu'il doit de se bien
comporter et d'arriver à bon port.

Une fois admis le principe de ne s'aider que
du cours de l'eau et non de la force du vent,
on a pu, selon les besoins des chargements,
affecter la forme carrée des deux bouts, ou la
forme arrondie, ou la forme aiguë, toutes trois
aussi faciles à la navigation sur les rivières.
On a pu aussi, à l'avantage des transports et
de la direction, ne pas ponter les bateaux et
les allonger dans une proportion favorable
à l'arrimage, c'est-à-dire de 30 mètres sur
5 de largeur seulement. Néanmoins, dans
les commencements de la batellerie, les mariniers, convaincus de la facilité de la descente
et des difficultés de la remonte, employèrent

beaucoup de bateaux grossièrement construits
avec du chêne ou du sapin, et destinés à ne
faire qu'un seul voyage du port de départ
au port d'arrivée. En ces temps reculés, en
effet, où les rivières étaient abandonnées à
tous les caprices de leurs contours et à toutes
les fureurs de leurs crues, la remonte était
aussi pénible que coûteuse. Il fallait border des
berges rocheuses, contourner des *bosses* répétées, racler sur des pierres, bondir sur des trous,
ou se faire trainer à force de chevaux sur des
terrains boueux et submergés. Vaincre de pareilles difficultés n'était possible qu'à une
marine préparée à des sacrifices pécuniaires,
et munie d'un matériel et d'un personnel nombreux. Aussi préférait-on ne naviguer que sur
des *toues* chevillées en bois, et formées de
planches soit de chêne, soit de sapin, qu'on
déchirait à l'arrivée, et qui se débitaient
comme bois à ouvrer ou à brûler, au lieu même
où l'on avait débarqué les marchandises transportées. Ces *chènières* et ces *sapinières*, comme
on les appelait, amenaient surtout des bois en
bûches presque au même prix que les trains,
tant elles coûtaient peu de main d'œuvre, et
parce qu'on comptait comme accroissement

du prix du frêt sur la vente en détail du bateau
même.

Il fallut l'intervention de l'Etat dans le perfectionnement des voies navigables pour sus-
citer l'établissement d'une marine capable de
concourir ainsi que le roulage à l'échange des
marchandises confectionnées ou réunies dans
la capitale avec les produits des pays d'alen-
tour. Voilà comment l'approvisionnement de
Paris n'a d'abord été que la seule préoccupation des législateurs, et comment le premier
progrès commercial n'est vraiment dû qu'à
l'initiative de l'État. Une pareille anomalie
s'explique, d'ailleurs, par l'impossibilité où
se trouve encore le commerce général, de faire
par association des sacrifices généraux dans
un but d'amélioration et d'avenir. Les commerçants sont essentiellement isolés, ayant
des besoins divers et qui souvent ne s'accor-
dent pas entre eux ; le commerce n'est qu'un
mot générique, qui sert à exprimer un ensemble d'opérations souvent contradictoires et
presque toujours désunies. Il n'a pas, comme
l'État, des forces combinées, des revenus fixes,
il n'effectue pas des actes qu'on peut centra-
liser au bénéfice d'une idée ou d'une création.

Le commerce, cette grande fonction publique,
qui échange les produits de tous en rémuné-
rant les travaux de chacun, ne peut qu'exprimer des vœux, réclamer des améliorations,
sans offrir ni les moyens d'exécution ni la
coopération financière indispensable. Aussi
l'État ne sait-il à qui s'adresser pour obtenir
le concours des plus intéressés, et il arrive
souvent que pour établir un chemin de terre
ou d'eau, il est obligé d'avoir recours pour
l'aider dans la confection, soit à des conseils
généraux de départements, qui, tout traversés
qu'ils se trouvent par les chemins projetés, n'y
ont aucun intérêt direct et immédiat, soit à des
villes déjà assez surchargées d'obligations locales pour ne pas pouvoir adhérer à de nouveaux
sacrifices. De là des hésitations fàcheuses,
sinon des impossibilités motivées. Et la route
reste inachevée, et le canal ne se continue pas. .
Que d'exemples nous en avons en France,
malgré les efforts et la patience de l'administration.

Aussi ne pouvons-nous constater, comme en
bien d'autres cas, de progrès réels dans la batellerie que lorsque l'Etat, par son initiative
et par ses créations, les excite, et les force

à naître, pour ainsi dire. Tout en lui, rien que
par lui, telles seront encore longtemps l'ex-
cuse de l'individualisme et la preuve de son
impuissance. C'est après l'ouverture de canaux
nombreux et correspondants, c'est après la
canalisation des parties de rivières les plus
réfractaires à la navigation, que le bateau s'est
renforcé pour pouvoir remonter aussi bien
qu'il descendait, qu'il a fortifié ses fonds,
aminci son avant, adopté un gouvernail à son
arrière, que la marine fluviale s'est transfor-
mée en un véritable voiturage, faisant métier
de transport, et s'outillant de manière à devenir une sorte de roulage par eau, une industrie spéciale entreprenant pour tous et possé-
dant un matériel durable et renouvelé. Alors
les bateaux ont varié de formes, de dimension
et de tonnage. Il s'en est fabriqué sur presque
toutes les rivières du bassin de la Seine : dès
l'ouverture des canaux de Briare et d'Orléans,
il en est venu du bassin de la Loire ; dès la canalisation de la Sambre et l'achèvement du canal
de Saint-Quentin, il en est venu de Belgique ;
dès la canalisation de la Saône et dès l'ouverture du canal de Bourgogne, il en est venu du
bassin du Rhône ; sur le canal du Nivernais se

sont succédés, partant de l'Allier et de la Haute-Loire, des *toues* de toute espèce : les *chènières* du canal du Centre, les *auvergnates* du Puy-de-Dôme, les *sapinières* de Saint-Rambert, et les batellets de Saint-Amant, qui ne naviguaient que par couplage comme les trains, tous bateaux rudimentaires qui jouissaient de leur reste et qui cherchaient à faire deux voyages, au lieu d'un, grâce à l'amélioration des cours d'eau.

Mais c'est sur les rivières les plus difficiles à traverser : l'Yonne au courant si rapide, la Marne au lit rocheux et aux contours multipliés, l'Oise aux crues abondantes et difficilement prévues ; c'est pour vaincre ces difficultés réelles et continues que les progrès de la batellerie se sont manifestés le plus promptement et le plus efficacement. L'Yonne a construit alors ces fameux coches, qui ont duré plus d'un siècle, véritables maisons flottantes avec un pont qui servait de promenoir aux passagers, une cale bourrée de marchandises, et un *rouf,* comme sur les bricks de mer, surélévation de l'arrière qui permettait au voyageur d'Auxerre à Paris de se mettre à l'abri contre les intempéries des saisons, *rouf* que surmontait un plancher à crans où s'adaptait une énorme barre, que le pilote manœuvrait en la poussant à l'aide de son marche-pied, et qui faisait jouer un gouvernail d'une force et d'une étendue extraordinaires. Pourtant, malgré son avant arrondi, son arrière demi-circulaire, ses flancs robustes et légèrement infléchis, quand ce mastodonte de rivière, ordinairement halé par des chevaux maintenus au trot pendant la descente, venait tout à coup se précipiter contre une des arches des ponts si solides d'autrefois, il s'y brisait comme verre, par suite même de sa rapidité indomptée, et occasionnait des sinistres de marchandises toujours, et de gens quelquefois. L'ouverture du chemin de fer de Lyon fit renoncer à ce moyen de locomotion et de transport, et l'ancienne et puissante société des coches fut dissoute sans qu'on ait à regretter ses bateaux, devenus inutiles sinon dangereux une fois la canalisation de l'Yonne commencée en 1861.

Comme dimension nullement en rapport avec les rivières traversées, l'Oise nous offre le grand bateau chaland, dit picard. Ce dernier jauge jusqu'à 470 tonneaux ; sa longueur est de 42 mètres, sa largeur de 7^{m}75, sa profondeur de $2^m 10$, et son chargement peut s'enfoncer jusqu'à 2 mètres au-dessous du niveau de l'eau. D'une force proportionnée à son ampleur, il n'est guère utile qu'à transporter des bois à brûler au nombre de 85 à 90 décastères, parfois des bois à ouvrer, et par-dessus son chargement des bois en grume. Il est employé surtout à amener à Paris des pierres à bâtir extraites des carrières de Vic-sur-Aisne et de Saint-Leu, des pavés que l'on tire d'Appilly près de Noyon, et il remonte de la capitale des pierres à plâtre pour les besoins de la province. Ses dimensions relativement colossales l'empêchent de circuler autre part que sur l'Oise et sur l'Aisne canalisées et sur les canaux de Saint-Denis et de Saint-Martin. Il n'a donc qu'un parcours assez restreint, et ne peut naviguer à pleine charge que lorsque les eaux le permettent. Le frère cadet de ce colosse, le petit chaland de Chauny, qui se contente de jauger 360 tonnes, d'être long de 36 mètres et large de $6^m 30$, monte un peu plus haut qu'au-dessus de Compiégne, peut circuler sur le canal latéral de l'Oise et sur celui de Saint-Quentin jusqu'à la Fère. Mais que signifient encore une fois ces dimensions si peu en rapport avec la hauteur habituelle des eaux et l'étendue de quelques écluses ? Qu'importe de pouvoir effectuer des chargements plus considérables, lorsqu'on borne par là le parcours de ces transports et la possibilité de les répéter ! C'est le nombre des voyages plutôt que la quantité des matières transportées, qui peut être utile et productif à la navigation intérieure ; et il faut se garder sur les rivières de construire des bateaux aussi difficiles à manœuvrer et à charger que sur mer le *Great-Eastern*.

Par suite même de l'entrée en France de la Sambre et de la naissance de l'Escaut, l'Oise, née elle-même en Belgique, est une rivière proprement internationale, et qui nous amène une batellerie étrangère, principalement destinée au transport des houilles et cokes à l'usage de Paris et des usines métallurgiques de l'Est. La péniche belge est donc un bateau ponté de 35 mètres de longeur sur 5 mètres de largeur ; de 2 mètres d'enfoncement, ne jaugeant que 270 tonnes, et qui peut facilement circuler sur tous nos canaux. Ces bateaux, assez bien outillés, appartiennent d'ordinaire aux mariniers mêmes qui les montent, et leur nombre, assez considérable, sert à former une sorte de population flottante qui vit en famille sur la maison qui les conduit où ils veulent aller, et dont ils louent la plus grande partie aux commerçants, tant pour le transport de leurs marchandises que pour leur séjour à port jusqu'à l'épuisement du débit de la cargaison. Cette industrie, toute intéressante qu'elle soit comme faisant prospérer une classe de mariniers habiles, n'a pas moins, au point de vue du transport, un inconvénient assez grave : c'est celui d'être difficile à trouver, puisqu'elle est essentiellement errante, et à s'engager pour un fret complet, en fixant d'avance les époques d'arrivée au port d'embarquement, de durée du voyage et de location continuée au port de débarquement. Certes le commerce jouit, par une pareille institution, d'une concurrence qui le garantit contre des prix excessifs, mais qui par contre l'expose à ne pas toujours rencontrer, en cas de sinistre ou de négligence, les garanties que lui offrirait une marine plus riche. Enfin l'Oise possède aussi trois ou quatre compagnies de bateaux à vapeur d'une force et d'une dimension modérées, et qui ont établi une sorte de cabotage

entre Soissons, Reims, Paris et Rouen. C'est
l'Aisne, ce si important affluent de l'Oise, qui
a provoqué cette marine perfectionnée, laquelle ne peut que gagner chaque jour par
l'amélioration graduelle du canal des Ardennes.

Sauf les bateaux à vapeur que nous venons
d'énumérer, la traction des autres bateaux se
faisait sur l'Oise et sur le canal de Saint-
Quentin par des relais de chevaux qui devaient en assurer la régularité. Malheureusement, soit par suite d'exigences pécuniaires,
soit par un autre emploi plus avantageux, les
charretiers de rivière ont brusquement abandonné la traction dont ils s'étaient chargés,
et les plus graves inconvénients ont résulté
de ce caprice : un grand nombre de bateaux de
charbon de terre attendent trop souvent à
Mons et à Charleroi les moyens de traverser
le canal qui les mènerait dans l'Oise, précisément aux époques où ce combustible est réclamé le plus vivement. Telle est la funeste
conséquence de la liberté illimitée des transports, du respect de la volonté de chacun et
de l'attente de l'initiative personnelle dans des
actes d'intérêt général. Il est probable qu'il

faudra encore l'intervention de l'Etat pour
mettre fin à une pareille situation, pour arrêter des dommages et des pertes de plus en plus
sensibles, et pour ne pas annuler par l'impuissance de la traction le bienfait d'une ligne
navigable si améliorée dans sa voie, et les sacrifices si nombreux et si répétés que de tout
temps le gouvernement a faits en faveur du
chemin des eaux. Faudra-t-il établir par adju-
dication une compagnie de halage pour effectuer cette traction abandonnée, faudra-t-il,
sous le règne de la liberté, recréer des mono-
poles, seules ressources contre l'impuissance
de cette dernière ? Tel est le problème si difficile
à résoudre, soit par une loi, soit par des décrets, et qui désespère l'ingénieur en chef du
canal de Saint-Quentin, condamné, par respect pour des principes inefficaces, à assister
à une décadence qu'il ne peut ni prévenir, ni
arrêter.

Moins antique que la batellerie de l'Yonne,
moins mêlée d'éléments étrangers que la batellerie de l'Oise, la batellerie de la Marne
nous offre encore les types persistants de l'ancienne marine intérieure. Nous avons vu que
cette rivière présentait, avant ses perfection-

nements, d'assez graves obstacles à la navigation par son lit rocheux, ses courants rapides, ses baissiers répétés, ses contours nombreux. Il a fallu s'ingénier pour profiter de ses eaux variables et indisciplinées ; et l'on a construit de solides bateaux comme le *Marnois*, au double fond plat, à l'avant pointu, à l'arrière carré, de 7^{m}40 de largeur, de 45 mètres de longueur, au gouvernail non pliant de 5 mètres d'étendue, d'un tonnage de 180 à 300 tonnes, et d'un tirant d'eau de 1 mètre à 1^{m}40 ; capables en un mot d'affronter la descente à pleine rivière de la basse Marne, et sa remonte difficile sur des cailloux et dans des vases. Les *lavandières*, sortes de *marnois* moins forts et plus maniables, ne diffèrent de ces derniers que par leurs plus petites dimensions, d'un quart en moins pour la plupart. Quant aux *flutes*, de forme identique aux deux espèces précitées, mais réduites à 5 mètres de largeur, à 30 de longueur, et à 120 tonnes habituelles de jaugeage, c'est déjà une batellerie plus facile à opérer son fret et ses voyages ; et elle a presque partout, dans le bassin de la Seine, pour auxiliaires, des bateaux encore moindres, c'est-à-dire de 4 à 5 mètres de large, de 12 à 20 mètres de long, jaugeant de 30 à 80 tonnes, carrés des deux bouts à la flottaison, mais de forme trapézoïdale très-évidée par le bas, qu'on gouverne sans se préoccuper de l'avant et de l'arrière, et qui sous le nom de *margotats* étaient employés tout aussi bien sur l'Yonne que sur la Marne.

Comme on le voit, toute cette batellerie d'origine, de force, de forme différentes, qui a certainement rendu de grands services à une époque où les rivières avaient encore tous les vices de leur état de nature, cette batellerie n'est plus aujourd'hui en rapport avec les progrès actuels, l'amélioration de tous les cours d'eau, l'ouverture de tant de canaux, le règlement et la sûreté d'une navigation continue. La *traction* n'a pas égalé la *voie* dans ses développements. L'état a fait son devoir et son œuvre ; c'est à l'industrie privée à suivre ce bon exemple. Jusqu'à présent elle n'a point concouru assez activement aux résultats définitifs de cette rénovation. Il ne s'est encore établi que sur une des rivières du bassin de la Seine, l'Yonne, une société de batellerie qui présente des chances d'avenir ; et encore a-t-elle été contrainte à des achats du vieux matériel

auquel nous venons de reprocher son insuffisance. Que reste-t-il à faire? Presque tout. Il
ne s'agit pas d'énumérer les différences de tirant d'eau, d'étendue et de largeur des écluses,
dans des canaux construits à des époques éloi-
gnées, et pour des besoins spéciaux et restreints;
il ne convient plus d'attendre que l'Etat soit
dans la possibilité de consentir à de nouveaux
sacrifices dans le but d'unifier les œuvres
d'art; il est urgent de profiter de ce qui est déjà
terminé.

Or, on ne le peut efficacement qu'en modi-
fiant le mode de navigation, aussi bien dans
les formes de la batellerie que dans les moyens
de traction. Comme moyen de traction, il est
évident que le touage devra remplacer le halage; la vapeur, peu à peu, se substituera aux
chevaux, qui ne seront conservés que pour la
descente. Quant aux formes de la batellerie,
sans prétendre fixer définitivement ce que doit
être la nouvelle marine intérieure, il nous semble qu'il existe deux principes qui peuvent la
guider dans ses progrès: l'uniformité du bateau-porteur, la diversité du bateau-remor-
queur. Le bateau-porteur étant destiné à parcourir toutes les voies navigables, et devant

éviter avant tout le transbordement comme
une perte sèche pour la marchandise trans-
portée, le bateau-porteur doit être d'un gabarit uniforme, qui lui permette de parcourir
toutes les voies avec promptitude et continuité.
Qu'il se contente d'un enfoncement d'un mètre
en moyenne et à charge complète, et il passera
partout. Certes il est de son intérêt de racheter
par sa bonne construction, par sa légèreté en
vidange, par son arrimage facile, l'inconvénient momentané d'un tirant d'eau utile d'un
mètre vingt seulement sur nos canaux les
moins favorisés. Qu'il recherche surtout la
fréquence des voyages plutôt que l'avantage
d'un fret considérable ; et il trouvera bientôt
un bénéfice plus sûr par un emploi plus con-
tinu. En ce qui concerne le remorqueur, sa
force et sa forme sont essentiellement subor-
données au cube d'eau qu'il doit vaincre, à la
résistance qu'il doit rencontrer. Il est bon qu'il
soit construit pour le parcours qu'il doit faire,
et qu'il reste attaché soit à un canal, soit à
une rivière, se bornant à y remonter le plus
de bateaux possible à la fois, et à remplir un
service uniforme et perpétuel. De cette façon
la mobilité du porteur, la spécialité du remor-

queur assureront le bon emploi des forces motrices et des capacités transportantes. Dès lors, plus de chômage faute de traction suffisante, plus d'attente dans les voyages à entreprendre, plus de dépenses d'allègement indispensables, plus d'hésitation à fixer l'époque de départ et l'époque d'arrivée. La célérité et la certitude permettront d'effectuer des transports à un prix réduit, quoique plus rémunérateur que par le passé, et les marchandises à rendre à destination afflueront à la marine intérieure et amèneront sa prospérité.

Aussi bien il ne s'agit plus pour les bateaux de lutter contre les wagons. Un concours intelligent dans les transports doit succéder à une concurrence insensée. Il faut se séparer la besogne, et non se l'arracher. N'existe-t-il pas, dans le bassin de la Seine, des marchandises en grand nombre qui ne peuvent sans désavantage cesser de se servir des voies navigables : bois, pierres, plâtre, chaux, briques, tuiles, ardoises, cokes et houilles? Et à ne prendre que les bois à brûler, cette marchandise qui intéresse à la fois l'Etat comme production domaniale, le commerçant comme vente sans déchet, le consommateur comme besoin de première nécessité, quel moyen de transport, autre que la marine, peut en assurer l'arrivage successif et selon la demande? Qui pourrait les emmagasiner, les répandre, les distribuer en temps utile? Quelle gare foraine pourrait les conserver près des lieux d'exploitation? Quels enclos assez vastes pourraient les recevoir à leur arrivée, sinon les immenses quais de Paris, sinon les bateaux eux-mêmes, ces magasins flottants qu'on loue aussi bien pour le temps de leur voyage que pour leur garde plus ou moins longue de la marchandise? Pour les produits forestiers nos ports de province sont autant de véritables entrepôts, au séjour peu coûteux, à la surveillance continue, à l'étendue croissante selon les besoins locaux, et qui, seuls dans le bassin de la Seine, peuvent assurer l'approvisionnement de Paris.

Quelques économistes ont pensé que la liberté du commerce, le perfectionnement des voies de transport, l'extension des chemins de fer suffisaient dès à présent aux besoins progressifs d'une capitale qui croît sans cesse. Quant à nous, nous ne sommes pas encore convaincu de ce résultat, en ce qui regarde au

moins les marchandises encombrantes, c’est-
à-dire d’un volume qui n’est ni en rapport avec
leur valeur intrinsèque, ni en conformité avec
leur consommation. Le bois à brûler, d’essence dure par exemple, dont la valeur, en forêt, n’est que d’environ 2 c. par kilog., soit
10 fr. par stère ou 500 kil., ne revient à Paris
qu’à 25 ou 30 fr., malgré, en moyenne, 3 fr. de
charroi par voiture de la vente au port,
0,50 c. de mise en état, d’indemnité de séjour, de dépenses sur place, 3 fr., de transport
par eau, 2 fr., 50 d’entrée, 1 franc d’emma-
gasinage définitif, soit le double en faux frais.
Ne nous plaignons pas trop, du reste, de ce
prix courant; car avant que cette bûche
joyeuse vînt réchauffer notre foyer, sa difficile extraction, son long voyage ont fait vivre
des ouvriers de toutes sortes, le bûcheron qui
la taille, le voiturier qui la charroie, l’empileur
qui la met en état, le marinier qui la transporte
et le débardeur qui la reçoit.

Et maintenant, combien Paris consomme-
t-il annuellement de cette marchandise encombrante, mais de première nécessité? 800,000 st.,
soit 400 millions de kil. Or, pour rendre
à destination cette masse, encore plus volu-

mineuse que pesante, la voie de l'eau est véri-
blement la seule possible. Quelle compagnie
entreprendrait un pareil transport, nécessi-
tant l'emploi de 80,000 wagons, et le classement de 1500 trains spéciaux en une année,
ou de 3,000 trains de 26 wagons ou de 6,000 de
13, seule quantité habituelle par expédition
de la même marchandise ? Et encore, les trois
quarts de tous ces bois de chauffage, venant de
l'Yonne et de la Haute-Seine, incomberaient
à une seule compagnie, à celle de Lyon-Médi-
terranée, et il lui serait de toute impossibilité
d'intercaler dans ses convois déjà si nombreux
tant de marchandises qui ne peuvent solder,
d'ailleurs, qu'un prix très-modique pour ne
pas être inabordable au consommateur.

La batellerie ne nous semble donc rien avoir
à craindre dans le transport des bois, voire
même de toute marchandise encombrante ;
mais qu'elle ne s'endorme pas pourtant,
qu'elle travaille, qu'elle se perfectionne de plus
en plus, qu'elle constitue des syndicats partout où elle en manque qu'elle s'associe autant
que possible, qu'elle renouvelle son matériel
en construisant des bateaux plus légers, moins
coûteux, moins colossaux, qu'elle vivifie son

personnel en le surveillant avec soin, en le
rénumérant avec équité, qu'elle s'efforce en un
mot de se rendre digne de la protection de
l'Etat par la régularité de son service et par
l'activité de ses représentants, et nous sommes certain qu'elle reprendra bientôt la place
qu'elle doit conserver en face d'un rival puis-
sant, mais incapable de suffire à tous les besoins du commerce.

LE TRAFIC.

Le trafic, telle est la division de notre livre
la plus délicate, la plus compliquée, la plus
difficile à déterminer dans ses droits et à fixer
dans ses limites. Le trafic, en général, c'est le
commerce tout entier, c'est le droit dont jouit
chacun d'échanger ce qu'il possède ou ce qu'il
fabrique contre ce que fabriquent ou possèdent les personnes avec lesquelles il est en re-
lation ; c'est aussi l'offre au consommateur,
c'est la livraison qu'on doit à ce dernier de la
marchandise qu'il acquiert. Par contre, le
trafic, relativement aux transports, ne semble
avoir qu'une importance assez bornée, c'est le
passant sur une route, c'est le voiturage isolé
ou associé, c'est le privilége dont jouit chacun
d'user d'un chemin créé pour tous. A ce point
de vue rétréci, il ne s'agirait que de *laisser faire*
et de laisser passer, triste maxime qui a amené

la lutte au lieu de l'alliance, la concurrence au
lieu du concours. Qué si, au contraire, vous
avez le bon sens de reconnaître que le transport
est une liberté mieux que nécessaire à quelques-uns, indispensable à tous, et que là,
plus que partout ailleurs, l'Etat doit intervenir au nom de l'intérêt général, alors vous
avouerez que dans le transport protégé, réglementé, maintenu légalement et loyalement, il
y a, dans l'avenir, et la facilité du commerce
et la prospérité du pays. Expliquons-nous pour
faire mieux concevoir toute la portée de ce
mot *trafic* si peu compris et si mal appliqué.

Si on laissait à chacun le droit d'user sans
règle et sans limite des voies et moyens de
transport, l'abus bientôt suivrait l'usage, et
déroberait au profit de quelques-uns, ce que
l'on a créé à l'avantage de tous. Si un grand
chemin peut être détérioré par l'emploi de
chariots trop lourds et encombrants; à plus
forte raison une rivière navigable serait-elle
facilement annulée comme route, si l'on n'obli-
geait pas ceux qui la parcourent à borner la
largeur de leurs bateaux, le poids de leurs
charges, ou plutôt la profondeur dans l'eau
qu'elles peuvent atteindre. De là, ces régle-

ments, qui, malgré les réclamations d'une industrie trop exigeante, maintiennent et prescrivent une règle conforme à l'état de la voie qu'on veut suivre. Il en est de même pour les terrains où l'on dépose la marchandise, où on l'embarque et la débarque. Les servitudes qu'on impose aux riverains en faveur de la navigation et des ports ne sont pas des confiscations, et les propriétés soumises, moyennant indemnité, à la charge d'aider sur terre à la traction sur l'eau, ne doivent être ni détruites, ni transformées. Rien donc de plus juste que cette sollicitude de l'État envers tous, tout en imposant à quelques-uns des sacrifices au profit de l'intérêt général, Ainsi s'expliquent et se justifient ces lois édictées depuis des siècles, renouvelées d'époques en époques, et qui n'assurent la navigabilité de nos cours d'eau qu'à force de prévoyance, de persévérance et parfois de rigueur.

Pour atteindre ce but, essentiellement libéral, des lois, édits, ordonnances, déclarations, lettres-patentes, arrêts du parlement ou du Conseil d'État, sentences du bureau de la ville et circulaires de police générale, sont intervenus de tout temps, et particulièrement

depuis février 1415 jusqu'à l'ordonnance de
1672 qui les a, pour ainsi dire, codifiés. On a
d'abord exigé 4 pieds (1m,30) sur les bords de
tout ruisseau flottable, pour aider au service
du fiot; on a ensuite réclamé un chemin de halage de 24 pieds (8 mètres) et un autre de
contre-halage de 4, pour favoriser la traction
sur la route des eaux; on a ultérieurement
grevé de la servitude des dépôts de bois les
bords des rivières, où il fallait amener les produits forestiers de la vente au port par la plus
courte voie et aux moindres frais possibles.
Enfin, comme conséquence de cette sollicitude
gouvernementale, on a approuvé et protégé la
création de sociétés d'exploitation fluviale, les
unes servant à tirer parti des ruisseaux appropriés au flottage à bûches perdues, les autres
devant s'associer pour solder en commun les
dépenses de la navigation en trains ou en bateaux, à en établir l'organisation régulière,
et, par l'entremise de leurs syndicats, à suivre,
surveiller et défendre leurs intérêts communs,
devenant intérêt général en assurant l'approvisionnement de Paris, et en diminuant par
un concours actif et loyal le prix de revient
d'une marchandise de première nécessité.

Tels sont l'origine et le but de ces compagnies parisiennes et foraines, qui, grâce à leur utilité incontestable, ont été admises et protégées de tout temps. La mention la plus ancienne qu'on en puisse citer se rencontre dans le chapitre XII, article 4 de l'ordonnance de Charles VI, du mois de février 1415, ordonnance dont nous avons déjà plusieurs fois parlé, et dont voici le texte exact qui se rapporte au commerce de bois à brûler :

« Tous marchands, quels qu'ils soient, faisant venir bûche, quelle qu'elle soit, d'amont l'eau, c'est à savoir de devers Bourgogne ou Champagne, ou d'autres lieux d'au-dessus des ponts de Paris, la peuvent amener ou faire venir au port de Grève ou à la boucherie de Petit-Pont, sans congé, sans hanse, (1) et sans compagnie française ; mais non pas ceux qui en amèneront ou feront venir d'aval l'eau, car ils ne la pourront mettre sur la dite rivière, ni aussi aucun merrien entre le pont de Mantes et ceux de Paris, pour rebrousser contremont l'eau, n'y autrement qu'icelles denrées et marchandises ne soient forfaictes ou

(1) Hanse, union, association ; hansé, hansez, unis, associés.

confisquées, sinon que celui ou ceux à qui seront icelles marchandises soient bourgeois de Paris et *hansez de la marchandise de l'eau*, et s'ils ne sont bourgeois de Paris, ils seront tenus d'être hansez, et avec ce auront *compagnie française*, à eux baillée par lesdits prévost et échevins, sur ladite peine. »

Plus tard des ordonnances de Louis XII, rendues en 1498 et 1507, de Henri III, rendues en 1577, « autorisaient les marchands fréquentant les rivières *à faire bourse commune* et imposer sur leurs marchandises aucunes sommes de deniers pour la *tuition et défaye de ces marchandises*. »

C'est de cette époque éloignée que date la fondation de la compagnie des marchands de bois à brûler de Paris, et nous empruntons à Pierre Rousseau, l'auteur si consciencieux du *dictionnaire de l'approvisionnement de Paris*, l'explication suivante qu'il donne des causes de la création de cette antique société, ainsi que le détail des statuts principaux qui la gèrent encore :

« Toute association a nécessairement pour objet de faire en commun, dans un but d'utilité, d'économie ou d'avantage quelconque, des opérations qui intéressent plus ou moins chacun des individus réunis en compagnie.

« Ainsi les marchands de bois de chauffage en chantiers de Paris ne peuvent faire arriver leurs bois par le flottage en trains qu'au moyen de grandes dépenses pour se procurer des eaux, pour diriger la navigation des trains, et pour subvenir aux frais de garage de ces mêmes trains au-dessus de Paris, en attendant qu'on puisse les recevoir dans les ports de tirage.

« Il serait impossible que chaque marchand en particulier fît lâcher des éclusées pour amener ses trains, et se procurât les agrès et les agents nécessaires pour les garer et diriger leur navigation ; et quand même cela serait praticable, ces diverses opérations faites isolément, grèveraient la marchandise de frais dix fois plus considérables que ceux occasionnés par une administration commune, et répartis ensuite sur chaque associé dans la proportion de son intérêt.

« Il y avait donc nécessité, commandée par la nature même des choses, pour les marchands de bois de chauffage en chantiers, de se réunir en compagnie ; et c'est une mesure de bonne administration de la part de l'autorité supérieure, d'avoir favorisé leur association, dont les avantages tournent au profit de l'approvisionnement de la capitale et de tous les consommateurs.

« Cette association n'a aucun rapport avec l'achat et la vente des bois sur les ports du haut; elle n'a pour effet que le flottage en trains, le transport par eau et la conservation des bois ; elle ne commence que sur les ports où s'opère ce genre de flottage, et finit aux ports de tirage dans Paris. Elle est composée de tous les marchands résidant à Paris, qui font arriver des trains de bois de chauffage.

« Deux assemblées générales ont lieu chaque année : la première dans le courant du mois de mars ; la deuxième dans le courant du mois d'août. L'assemblée qui se tient au mois de mars est spécialement consacrée à la fixation de la cotisation annuelle, à la réception des comptes généraux et à la nomination des membres du comité.

« Du reste, et quand les circonstances l'exigent, l'association peut être convoquée en assemblée générale plus souvent et à d'autres époques pour délibérer sur des affaires urgentes intéressant la compagnie.

« Aux termes d'une délibération du 17 août 1828, aucun marchand de bois qui a fait faillite ne peut être appelé ni admis aux assemblées du commerce, à moins qu'il n'ait justifié de sa réhabilitation.

« Est également exclu de ces assemblées, tout marchand qui, ayant suspendu ses payements, n'aura pas satisfait intégralement à tous ses engagements.

« Tout ce qui est de pure administration se traite par un comité nommé dans l'assemblée du mois de mars, composé d'un syndic et de huit adjoints. — Le syndic et les adjoints sont choisis parmi les marchands.

« Le comité est renouvelé tous les ans, mais ses membres peuvent être réélus indéfiniment. La nomination a lieu au scrutin et à la pluralité relative des suffrages.

« Un agent général réside à Paris : il correspond avec tous les employés de la compagnie, les surveille et les dirige ; il communique sa correspondance au syndic, et se concerte avec lui sur toutes les affaires. Il convoque le comité et les assemblées générales. Il tient registre des trains qui arrivent à Paris et dans la banlieue. Comme caissier, il est chargé des recettes et dépenses communes, et chaque année il rend ses comptes au comité qui les examine, et qui les soumet à l'approbation de l'assemblée générale. Aux assemblées générales, il fait le rapport des affaires, rédige les délibérations et en suit l'exécution. Il informe le comité des vacances d'emploi et provoque tout remplacement. Il suit devant les tribunaux l'effet des procès-verbaux dressés par les employés de la compagnie ; enfin il est chargé de stipuler et de défendre les intérêts de la compagnie.

« La compagnie entretient des agents, gardes-rivières et commis généraux, qui sont, sur la présentation de cette compagnie, commissionnés par M. le sous-secrétaire d'État au département des travaux publics. »

Comme on le voit, la compagnie des marchands de bois à brûler, est aussi sage dans ses prescriptions qu'antique dans ses usages. Qui peut lui reprocher une pareille continuité ? Qui peut considérer comme caducs ou arriérés des priviléges, qui ne conservent ce nom que faute d'un mot plus juste et aussi expressif,

signifiant les droits acquis, les usages devenus
des règles, le mode d'action le plus favorable
aux intérêts généraux aussi bien qu'au commerce ? Le code des bois à brûler, que le célèbre
Dupin l'aîné a rassemblé et publié, par les
nombreux arrêts, sentences, arbitrages qu'il
rapporte, est en même temps une histoire des
conquêtes du bien public sur l'avidité des dé-
tenteurs de la propriété féodale, une preuve de
l'intervention salutaire de l'État, pour faire
jouir chacun des routes créées par la nature elle-même, une sollicitude héréditaire
envers le consommateur auquel on épargne des
frais considérables, en un mot une jurisprudence fondée sur la tradition comme sur
l'équité. Ce qui était défectueux a été corrigé
avec le temps, ce qui était inutile est tombé en
désuétude. Il ne reste plus d'applicable que
des prescriptions qui règlent la mise en état,
la livraison et la vente loyales de la marchandise. Il ne reste plus de sacré que le contrat
passé entre l'État et une communauté de
marchands pour assurer, d'une part l'approvisionnement d'un produit de première nécessité, pour acquérir et exploiter d'autre part
les coupes des forêts domaniales, c'est-à-dire

pour offrir à la fois une plus value à une propriété publique et une satisfaction sans trouble
ni discontinuité à un besoin général.

A l'instar du commerce de bois à brûler,
spécialement réglementé par le chapitre XIV
de l'ordonnance de 1672, d'autres modes d'ex-
ploitations forestières, le charbon de bois et le
bois carré ont obtenu l'aide administrative, et
ont formé des compagnies autorisées et protégées par l'État, le premier dès le 5 janvier
1769, par le fait d'une sentence du bureau de
la ville, renouvelée et sanctionnée plus tard
par une ordonnance royale du 4 février 1824,
le second, le 5 octobre 1772, par une organisation homologuée par les prévôts et échevins
de la ville de Paris, renouvelée et approuvée
par le préfet de police le 23 août 1817. Cette
dernière compagnie avait précédemment été
reconnue et constituée par l'édit suivant :

EDIT DU ROI DU MOIS D'AOUT 1690, CONTENANT
ORGANISATION DU COMMERCE DES BOIS CARRÉS
EN COMPAGNIE :

« Louis, etc... Il nous a été proposé que s'il
nous plaisait d'ériger en titre d'office dans notre

bonne ville de Paris un certain nombre de marchands de bois de sciage et charronnage, bois à œuvrer et à bâtir, qui seuls en feraient le débit, à l'exclusion de tous autres, les magasins seraient plus fournis, le bois mieux choisi, mieux conditionné et le prix diminué ; et ayant fait examiner cette proposition en notre conseil, nous avons trouvé que le public en recevrait un avantage considérable. — À ces causes, nous avons par ce présent édit, perpétuel et irrévocable, créé et érigé, créons et érigeons, en titre d'office formel, soixante bourgeois jurés-marchands de bois à bâtir, sciage et charronnage et autres bois à œuvrer dans notre dite ville, faubourgs et banlieue de Paris, auxquels seuls officiers il sera permis d'avoir des magasins ou chantiers des dites natures de bois, exclusivement à tous autres, sans néanmoins que ladite exclusion puisse empêcher les marchands forains emmenant des dits bois, de les vendre, conformément à l'ordonnance de 1672, aux habitants de notre dite ville, faubourgs et banlieue de Paris, et même aux charpentiers, menuisiers, charrons ou autres ouvriers en bois ; lesquels charpentiers, menuisiers, charrons ou autres ou-

vriers ne pourront en vendre ni débiter en gros
et en détail, s'il n'est par eux œuvré et en état
d'être employé suivant leur art ; — Voulons
qu'il soit arrêté en notre conseil un rôle desdits soixante offices, et qu'il soit expédié des
quittances de finance par le trésorier de nos
receveurs casuels, à ceux que nous avons
choisis pour remplir lesdits offices, sur lesquelles et sur celles de marc d'or, il leur sera
expédié des provisions en notre chancellerie
pour la première fois, sans qu'à l'avenir ils
soient tenus de prendre des provisions de nous,
ni de nous payer aucune finance, sous quelque
prétexte que ce soit ; lesdits offices demeure-
ront conservés à leurs veuves, enfants, héritiers et ayants cause, qui en pourront disposer
en faveur de personnes capables ; — Permet-
tons auxdits marchands de bois de faire corps
et communauté entr'eux, choisir et élire annuellement des syndics, dresser des statuts
tels qu'ils aviseront pour établir un bon ordre
dans leur profession, lesquels, dressés de l'avis
desdits prévôts des marchands et échevins,
nous seront présentés pour être homologués et
sur iceux expédiés nos lettres à ce nécessaires. »

Ainsi trois sociétés centrales, les sociétés des bois à brûler, des charbons de bois et des bois à ouvrer, fondées dans le double but d'user de la voie des eaux et d'exploiter, au profit de l'approvisionnement de Paris, nos divers produits forestiers, ont joui tour à tour et jouissent encore d'une constitution légale. D'autres sociétés locales, mais non moins utiles, ont aussi obtenu la sanction gouvernementale. Voici les statuts d'une des plus anciennes :

COMPAGNIE DU COMMERCE DE BOIS FLOTTANT A BUCHES PERDUES SUR LES PETITES RIVIÈRES DE BEUVRON ET DE SOZAY.

Réglement organique du 25 mars 1825 approuvé par le Ministre de l'intérieur, le 22 octobre suivant.

« Les marchands proprétaires flottant sur les rivières de Beuvron, Sozay et ruisseaux affluents, convaincus de la nécessité d'avoir des statuts qui, en établissant des bases fixes et invariables pour leur administration intérieure, rendissent à leur ancienne compagnie son existence légale, et considérant qu'il existe

entre eux une société forcée et involontaire pour
le flottage de leur bois, puisqu'il est libre à toutes
personnes de jeter des bois dans les flots pour
être amenés indistinctement et tirés sur les
ports de la fòret (Clamecy), que chacun doit
dès lors contribuer à la dépense commune, en
proportion des avantages qu'il retire de l'administration générale, ont arrèté un réglement
organique, le 25 mars 1825, et l'ont soumis à
l'approbation du ministre de l'intérieur qui
l'a homologué par une décision du 22 octobre

« La société est composée de tous les marchands et propriétaires flottant leurs bois sur
les rivières de Beuvron et de Sozay, depuis
leurs sources jusqu'aux ports de la forêt, ainsi
que sur les ruisseaux affluents à ces rivières.
La durée en est illimitée. Tout propriétaire ou
marchand qui jette des bois à flot devient par
ce fait membre de la compagnie, et est soumis
à tous ses règlements.

« Le fonds social se compose des agrès nécessaires au flottage, des magasins, des travaux
d'art exécutés aux frais de la compagnie, et des
sommes provenant des retenues dont il est
parlé ci-après.

« Les dépenses sont supportées par tous les

intéressés, au marc le franc de la quantité des bois que chacun d'eux a flottés. Il n'y a pas de solidarité entre les intéressés pour les frais de coulage, tirage, mise en état des bois, indemnités pour chômage d'usine ou dégradations de terrains, occupation par les bois sur les bords des rivières, traitements d'employés et frais de construction et de réparations des ouvrages d'art à la charge de la compagnie.

« Les bois de chaque marque, après la mise en état sur les ports de la Forêt, et au besoin les fonds de rivières, demeurent seuls affectés par privilége au paiement des sommes dues par les propriétaires, à raison des dépenses stipulées dans le paragraphe précédent. Ce privilége a lieu nonobstant la vente faite à un tiers, lors même que ce dernier aurait fait contremarquer les bois.

« Chaque membre de la compagnie a une ou plusieurs marques, dont ses bois sont frappés. Ces marques sont la propriété de chacun ; elles doivent être approuvées et enregistrées au bureau de l'agence générale avant d'être déposées et enregistrées au greffe du Tribunal de commerce.

« La propriété de ces marques est périmée

de droit, lorsqu'elles auront cessé de paraître pendant sept ans sur les états de l'agent général.

« Les opérations concernant le flot consistant principalement en journées d'ouvriers, dont le salaire ne doit souffrir aucun retard, sont payées au moyen d'une taxation imposée sur chaque décastère devant faire partie du flot.

Le montant de la taxation est fixé, chaque année, sur l'état qu'en dresse l'agent général, par le syndic, sauf l'approbation de l'assemblée générale. En cas d'urgence, la décision du syndic est provisoirement exécutée.

« Dès que les sommes à payer par chaque sociétaire sont déterminées, il est tiré sur chacun d'eux, par l'agent général, des mandats, jusqu'à concurrence des sommes dont ils sont débiteurs.

« La compagnie étant, outre les dépenses du flot, chargée du paiement des indemnités dues aux propriétaires d'usines et des ports, des dommages aux riverains pour dégradations occasionnées par les flots, des frais de réparation et de construction des ouvrages d'art à sa charge, des améliorations à faire dans le lit de la rivière et des ruisseaux y affluant, pour activer l'écoulement des bois, il est pourvu à l'acquittement de ces dépenses par une perception en faveur de la compagnie, qui est chaque année fixée par elle, mais dont le quantum ne peut jamais être au-dessous de 25 centimes par décastère. Ces fonds ne peuvent pas être détournés de leur destination.

« La compagnie, en assemblée générale, est la directrice suprême de tous ses intérêts : elle se réunit autant de fois que le bien du service l'exige, et de droit chaque année, au mois de novembre, pour recevoir les comptes de son agent général. Les convocations sont faites par le syndic et transmises par l'agent général à chaque intéressé, à domicile, dix jours au moins à l'avance. L'assemblée générale est présidée par le syndic ; les délibérations y sont prises à la majorité des suffrages ; elles sont obligatoires, pourvu que 7 membres y aient concouru.

« Pour avoir voix délibérative en assemblée générale, il faut avoir dans les flots un intérêt de 150 décastères au moins. Cependant, celui qui aurait joui une fois de cet avantage, le conservera pendant deux ans après avoir flotté cette quantité. Les intéressés qui réuniraient 150 décastères peuvent s'entendre pour avoir une voix : cette réunion, une fois établie, doit être continuée.

« Tout membre ayant voix peut se faire représenter par un fondé de pouvoir spécial, mais, dans aucun cas, par un homme de loi.

« Les intérêts de la compagnie sont administrés et régis par un syndic et deux adjoints, qui forment le bureau.

« Les employés sont : un agent général et des gardes en nombre nécessaire pour la surveillance des ports.

« Le syndic et les adjoints sont nommés en assemblée générale, à la majorité des suffrages. Ils sont élus pour un an, et peuvent être réélus indéfiniment.

« L'agent général et les autres employés sont nommés en assemblée générale et à la majorité absolue. Il leur est interdit d'avoir aucun intérêt, soit dans les flots comme marchands, soit dans les entreprises, même à titre de caution.

« Le bureau, composé du syndic et des deux adjoints, a la surveillance de toutes les opérations de la compagnie: il surveille. vérifie

et arrête les comptes et les registres de l'agent
général; il ordonne les dépenses extraordinaires, sauf l'approbation de l'assemblée générale; il se réunit autant de fois que le bien
du service l'exige; il statue sur tous les cas
qui requièrent célérité.

« Le syndic a la direction des travaux or-
donnés par la compagnie, et celle de tous les
actes qui l'intéressent; il a la surveillance et
la direction de tous les employés et peut les
suspendre provisoirement de leurs fonctions,
d'accord avec le bureau, et sauf à rendre compte
des motifs à l'Assemblée générale; il convoque
et préside les assemblées; il fait exécuter les
décisions de la Compagnie; il est suppléé par
le premier adjoint.

« L'agent général est chargé, sous la direction du syndic, de l'exécution des délibérations
de la Compagnie et des arrêtés du bureau; il a
sous ses ordres tous les gardes et autres employés; il est spécialement chargé de tout ce
qui est relatif à la conduite et coulage des flots,
leur tirage et mise en état; au tirage des
canards, aux réparations à exécuter sur les
rivières et ruisseaux, et au règlement des indemnités dues aux riverains et propriétaires

d'usines, pour chômage, dégradations et occupation ; il fait les marchés, traite avec tous entrepreneurs, ouvriers et fournisseurs, pour tout ce qui a rapport aux opérations ci-dessus ; il arrête et solde leurs mémoires ; il établit les décomptes de chaque intéressé et en poursuit le recouvrement. Chaque année, à l'Assemblée générale du mois de novembre, l'agent général rend un compte détaillé de toutes ses opérations.

« L'agent général est le préposé en chef de la Compagnie et le fondé de pouvoirs de chacun de ses membres ; il est chargé du recouvrement des cotisations et de toutes les sommes revenant à la Compagnie, du paiement des dépenses et des frais de toute nature ; il est aussi chargé de la poursuite des affaires judiciaires et administratives de la Compagnie, qui peut exiger qu'il fournisse un cautionnement. »

Le réglement organique du Beuvron et du Sozay, que nous venons d'insérer dans sa teneur, ainsi que celui de la Cure, qui ne lui est dissemblable que par quelques variations dans la forme plutôt que dans le fond, a servi de type à tous ceux des rivières flottables conservés presque jusqu'à nos jours, c'est-à-dire le

flot du Loing, dit de Saint-Fargeau, aboutissant à Rogny, celui de la Vannes aboutissant
à Sens, celui du Saint-Vrin aboutissant à
Cézy, celui de l'Armance aboutissant à Saint-
Florentin. Tous ces flots, du reste, sont supprimés à l'heure qu'il est, et il n'est conservé
de cette industrie que les flots des petites rivières de Clamecy et le flot de la Cure, dont
les dispositions préliminaires du règlement
organique nous semblent résumer, de la manière la plus complète, l'utilité de ces sortes
de Compagnies et les avantages de leur association. Voici les termes exacts de ce resumé :

« Les marchands et propriétaires, flottant
leurs bois sur les rivières de Cure, de Cousin,
et les ruisseaux y affluant, réunis en Assemblée générale, le 12 mars 1825, à Avallon, au
lieu ordinaire de leurs séances, en vertu d'une
convocation expresse de leur syndic ;

« Reconnaissant que les changements sur-
venus depuis trente ans dans la législation ont
altéré les bases sur lesquelles reposait autrefois leur organisation en compagnie, et convaincus de la nécessité d'avoir un règlement
organique, qui, en établissant entre eux des
règles fixes et invariables pour leur adminis-

tration intérieure, rende à cette Compagnie l'existence légale dont elle jouissait par l'ordonnance de 1672, et ensuite par l'homologation des statuts qu'elle présenta et qui furent adoptés en 1773; — considérant qu'il existe entre lesdits marchands et propriétaires une Société forcée et involontaire pour le flottage de leurs bois, puisqu'il est libre à toutes personnes de jeter dans le flot ses bois à bûches perdues, pour être rendus et tirés sur les ports, depuis Arcy jusqu'à Cravant, et qu'ainsi il est impossible de ne pas amener indistinctement tous les bois composant le flot; — considérant que tous ceux qui ont mis des bois dans le flot participent également aux avantages de l'administration générale de ce commerce, puisqu'ils reçoivent sur les ports du bas de la Cure la portion de bois qui est à leur marque, après la mise en état de chaque flot; — considérant qu'il résulte de cet avantage commun, que chacun des marchands et propriétaires de bois doit contribuer à la dépense commune, en proportion des avantages qu'il en retire; — considérant qu'une Société, dont les membres se renouvellent sans cesse, sans qu'il soit nécessaire d'obtenir le consentement des personnes qui composaient la Société primitive, et dont la durée de l'existence doit être égale à celle du commerce qui en est l'objet, doit avoir des règlements fixes et invariables qui, confondant les intérêts passés, présents et futurs, soient obligatoires pour tous, quelle que soit l'époque d'intervention dans la Société ; et que, s'il en était autrement, ces mêmes règles, pouvant être contestées ou modifiées dans l'intérêt privé de quelques personnes, compromettraient les intérêts de plusieurs, et même l'existence de la Société qu'elles étaient destinées à perpétuer ; — considérant que l'homologation du gouvernement peut seule donner à ces règles le degré de stabilité et d'authenticité nécessaire pour être exécutées suivant leur forme et teneur, sans qu'aucun puisse prétendre ne pas les connaître, ou objecter le défaut de participation de sa part ;

« Ont arrêté le règlement suivant pour être soumis à l'approbation du roi. »

A de pareils efforts de l'initiative privée pour associer leurs travaux et offrir leur concours à l'usage des rivières, et au transport d'une marchandise si nécessaire et parfois si indispensable que le bois, l'État devait répondre par

une institution administrative, assurant le bénéfice de toute cette activité et de tant d'industrie. De là la création du service des ports.

Le service des ports remonte à l'usage régulier des rivières comme moyen de transport.
M. Dupin, dans son *Code du commerce des bois
à brûler*, cite sur cette matière des ordonnances de 1299, de 1350, de 1415, des arrêts du
Parlement de 1496, 1504, une lettre de François 1er de mai 1520, parmi les prescriptions
de laquelle *il est enjoint de faire conduire les
bois aux ports les plus proches des ventes*, un
règlement *des droits et salaires des jurés mou-
leurs de bois* d'août 1637, un édit de février 1644,
portant création de *commissaires-contrôleurs* :
Telle est la véritable origine des gardes-ports
et des Inspecteurs Enfin parut l'ordonnance
de 1672 et l'édit de 1704, qui ont érigé *en titre
d'office* les fonctions de garde-port. Puis, une
fois l'hérédité des droits d'office supprimés
par la loi du 4 août 1789, les gardes-ports furent commissionnés par l'Etat, conformément
à la décision ministérielle du 14 prairial an X,
assermentés, et traités en fonctionnaires, après
avoir été présentés au choix du ministre par
les compagnies des commerces intéressés. Il

suffit pour constater ce fait de citer une partie
du réquisitoire prononcé en 1808 devant la
Cour de cassation par le procureur général
Merlin :

« Chaque année, après l'époque de l'adjudi-
« cation des bois qui doivent concourir à l'ap-
« provisionnement de Paris, l'administration
« se fait remettre un état général approximatif
« du produit de ces bois ; elle veille à ce que le
« marchand adjudicataire apporte l'activité
« nécessaire dans les coupes ; elle presse, au
« besoin la vidange des forêts et les transports
« sur les ports flottables ou de chargement. Le
« garde-port est essentiellement lié à l'action
« de l'administration, qui le rend responsable
« de la bonne réception des bois au fur et à
« mesure des arrivages, de leur conservation,
« et des lenteurs qu'il pourrait mettre dans
« l'empilage, comme dans les mesures pres-
« crites pour un prompt flottage ou chargement.
« La responsabilité du garde-port, dans cette
« circonstance, est d'autant plus réelle envers
« l'administration, qu'il lui serait facile de
« servir l'intérêt des marchands dont les
« spéculations seraient en opposition avec
« l'intérêt général. C'est donc comme agent
« du gouvernement, c'est donc en exerçant

« une fonction administrative que le garde-
« port agit, lorqu'il fait faire des dépôts de
« bois ou de marchandises sur des ports pu-
« blics ou sur des lieux affectés à cette des-
« tination. La prétention qu'aurait chaque
« marchand de nommer un garde-port sans le
« concours de l'autorité administrative, serait
« la conception la plus déraisonnable pour
« l'intérêt même du commerce; car les opéra-
« tions individuelles des commerçants doivent
« toujours être coordonnées à tous les mou-
« vements généraux prescrits par l'adminis-
« tration, et dirigés et surveillés par elle. »

Cet exposé aussi lucide que complet des
droits et des devoirs des gardes-ports, n'aurait presque pas besoin de commentaires et de
développements. Il prouve, en effet, que les
gardes-ports ne peuvent en aucun cas n'être
traités que comme des facteurs individuels,
qui ne travaillent que pour certains commerçants consentant à les employer. Il ne faut pas
se dissimuler pourtant que beaucoup de marchands forains ne considèrent que comme une
gêne l'intervention obligatoire de agents des
ports ; mais comme ce sont les mêmes marchands qui déclament contre le service des
poids et mesures parce qu'il les force à n'offrir

leurs marchandises que dans des conditions
équitables, il n'y a lieu qu'à dénoncer et poursuivre leur mauvaise foi ou leur tendance à se
passer de gardes-ports. Nous n'avons pas besoin de rapporter ici des fraudes et des embarras, qui malheureusement se sont souvent
renouvelés, et qui, sans le service des ports,
deviendraient intolérables. L'illustre Merlin
semble même avoir pressenti ce dernier cas
dans l'hypothèse suivante : « Et si l'action était
« divisée sur autant de points qu'il se trouve-
« rait de marchands *ayant un dépôt particu-*
« *lier*, il s'ensuivrait inévitablement une con-
« fusion dans les travaux de charroi, empilage,
« chargement et flottage qui jetterait partout
« la division. »

La législation spéciale du service des ports,
que semblait regretter l'un des auteurs de nos
codes, a été édictée dans le décret législatif du
21 août 1852. Les prescriptions en sont aussi
précises qu'étendues, car elles rappellent et
résument toutes les lois et ordonnances sur la
matière. Aussi l'institution des gardes-ports
est-elle à la fois une sécurité pour la marchandise et une utilité pour les marchands.
Elle est une sécurité pour la marchandise,

parce que les gardes-ports la surveillent sans cesse, et que par leur présence sur les ports ou par leur simple résidence dans le cantonnement, ils empêchent tout détournement ou tout accident à cette marchandise. Pouvant verbaliser dans tous les cas, ayant le droit de faire perquisition chez ceux qu'ils soupçonnent d'un détournement, ils arrêtent par ce seul fait ou font avorter toute mauvaise intention. Or, cette surveillance est tellement sérieuse qu'il leur en incombe une responsabilité personnelle (art. 11 du décret), en cas de négligence de leur part. Aussi doivent-ils tenir écritures de toute marchandise déposée sur leurs ports, de quelque façon qu'elle y arrive, par bateau, voiture ou à dos d'homme. Il ne faut pas oublier d'ailleurs que les ports du bassin de la Seine sont et demeurent de véritables entrepôts du commerce de Paris, des sortes de magasins généraux, d'où l'on tire, en toute confiance, grâce à une institution conservatrice et loyale, les bois divers à mesure que la capitale en a besoin.

Les gardes-ports sont aussi institués pour l'utilité des marchands, en ce qu'ils font à l'enlèvement le compte par espèce et par cube des

marchandises, parce qu'ils dispensent les
marchands de ce soin à l'embarquement desdites marchandises, parce que la quantité qu'ils
en livrent aux mariniers passe par ce fait sous
la responsabilité de ces derniers, et que jamais ainsi la marchandise n'est abandonnée.
Par extension, enfin, ils peuvent faire le
compte des voituriers par terre en leur déli-
vrant des billets de port; ils peuvent établir
sur leurs livres, qui font foi en justice, la muta-
tion des marchandises cédées sur place; ils
peuvent par des comptes ouverts tenir les
marchands au courant de la situation de
leurs différents lots; ils peuvent aussi par
des comptes de détail, classer les marchandises en espèce, longueur et épaisseur : tous
ces travaux divers sont dans leurs attributions, et les rendent indispensables au
commerce de Paris, quand bien même le com-.
merce de province trouverait trop sévère
leur mise en état légale de la marchandise. En résumé, les gardes-ports remplacent,
au profit de la légalité, des facteurs particuliers, beaucoup plus coûteux, parce qu'ils
seraient forcément en plus grand nombre,
beaucoup moins utiles, parce que n'étant pas

commissionnés et assermentés, ils ne pourraient ni verbaliser, ni surtout procéder à des
perquisitions domiciliaires, beaucoup moins
sûrs, parce qu'ils seraient dispensés du contrôle de l'inspection.

Les adversaires du service des ports l'accusent d'être défavorable à la liberté du commerce : c'est un bien gros mot pour une bien
petite chose. Cette accusation, en outre, n'a ni
base réelle, ni vérité. Et d'abord qu'est-ce que
la liberté du commerce, expression emphatique et peu significative, que souvent on
emploie soit pour déguiser sa pensée, soit
pour en voiler l'absence? Si la liberté du
commerce est le droit de vendre à qui l'on
veut la marchandise qu'on offre, au prix
qu'on débat, le service des ports aide plutôt qu'il ne nuit à cette transaction libre et
loyale. Mais si la liberté du commerce est
le droit d'apporter sur un marché des denrées
falsifiées, de n'en pas laisser extraire le rebut,
de chercher ainsi à tromper l'acquéreur, de
finauder, de vanter le mauvais et d'excuser le
détestable, alors, à pareil vendeur il faut la
licence de la fraude et non la liberté du commerce, l'éloignement de tout témoin et surtout

de tout juge ; et, en conséquence, un classifica-
teur-juré de la marchandise, un vérificateur
des poids et quantités, un premier appré-
ciateur de ses qualités, essences et espèces, devient une gêne, un obstacle, un ennemi. Nous
défions quiconque de citer un cas où le garde-
port soit contraire à la liberté réelle et légale
du commerce.

Loin d'être un obstacle à la liberté du commerce, l'institution des gardes-ports en est
plutôt la constatation, et ne peut servir qu'à
la développer. Elle en est la constatation, parce
qu'elle met en rapport direct, et sans intermédiaires personnels et spéciaux, le commerce
forain avec le commerce de Paris ; et grâce à la
tenue sévère des ports, véritables réserves forestières ; grâce à des écritures qui permettent
sur place les mutations de propriété, admises
au besoin par les tribunaux comme transactions définitives ; grâce à une mise en état légal,
qui assure le cube des bois à brûler par des
hauteurs calculées, et celui des bois à ouvrer
par un métrage ou un comptage réguliers ;
grâce à des rebuts admis par la loyauté commerciale, et qui empêchent toute fraude dans
la composition des lots : grâce à la réception

des marchandises par voitures qui sert à donner le compte aux voituriers, sans la présence
de l'expéditeur; grâce à l'embarquement transcrit sur les livres, et qui assure au destina-
taire la quantité des marchandises transportées sous la responsabilité du marinier qui
accepte la lettre de voiture ; grâce à ces diverses opérations de sécurité ou de facilité
dans les transactions, on peut bien dire que le
service est utile, et non nuisible à la liberté
du commerce.

Certes le service des ports a des attributions
qui peuvent ne pas plaire à tous les marchands ; certes quiconque veut frauder sur la
quantité ou sur la qualité de la marchandise
doit se trouver gêné par une mise en état
loyale et désintéressée; mais ces adversaires-
là, on ne les combat pas seulement, on les
méprise, et, quelle que soit la liberté du commerce, jamais l'Etat ne peut se départir de la
police des intérêts commerciaux au profit de
l'utilité de tous. Il n'est pas de marché public
sans inspecteur, de marchandises mises en
vente sans le droit par le commissaire de police
local d'empêcher la fraude et le vol; quant
aux poids et mesures, ils ont des vérifica-

teurs spéciaux qui veillent à leur équité. Eh
bien, ces différents officiers publics sont repré-
sentés par les gardes-ports sur les rivières et
canaux du bassin de la Seine : ces derniers en
ont les attributions de contrôle en même temps
que la surveillance des marchandises, et la responsabilité de leur comptage. Qui donc pourrait
les traiter d'inutiles, quand ils font la police
des intérêts commerciaux sous la direction
d'un inspecteur principal, et la police des terrains affectés aux ports sous la direction des
ingénieurs? La seule chose nécessaire est de
bien spécifier ces caractères différents, de soumettre ce service à la haute direction des
Ponts et Chaussées, et de lui faire prêter son
concours à tous les fonctionnaires locaux, de
même qu'il doit ses travaux à tous les commerçants de Paris et de la Province. Ordre,
sûreté, économie, voilà les principes et les
résultats du service des ports : ordre matériel
sous le contrôle d'inspecteurs particuliers,
sûreté de la marchandise par la surveillance
et par la responsabilité, économie dans les
frais de réception et d'expédition par suite
d'un tarif légal et modéré, qui fait prévoir
par le marchand ce que lui coûteront le sé-

jour, la vente et l'enlèvement sur les ports.

Qui est-ce qui s'élève exceptionnellement contre le service des ports? Quelques marchands isolés, qui répugnent à confier leurs marchandises à des agents qu'ils n'ont pas directement choisis. Mais à qui la faute, si ces marchands forains n'ont pas fondé de syndicats, et s'ils repoussent comme mandataires les tribunaux de commerce, indiqués par le décret du 21 août 1852, pour tenir lieu de syndicats non constitués. Ce n'est que sur les rivières de Marne et d'Oise que l'absence de ces syndicats se fait encore regretter ; la Haute-Yonne a, outre sa propre Société, la Société des Petites-Rivières, et la Haute-Seine constituera, nous l'espérons, un syndicat qui présentera au choix de M. le Ministre, de concert avec le commerce de Paris, les candidats ayant obtenu toute confiance, lesquels, une fois admis par l'Administration, sont les représentants commissionnés d'un groupe de marchands, qui soldent à meilleur marché les services rendus par les gardes-ports que ceux de commissionnaires particuliers, commissionnaires qui pourraient en sus et arbitrairement surélever leurs tarifs et choisir leurs mandants. L'État intervient dans le taux minimum du transport des marchandises sur les chemins de fer ; il a fixé, lors de la concession des lignes, le taux maximum du transport des voyageurs, et l'on voudrait qu'il cédât le droit qu'il possède de fixer le quantum des frais de séjour des marchandises sur les ports et la surveillance de toutes les mains-d'œuvre qu'elles subissent. Ceci ne nous paraîtrait pas logique, et nous semblerait trahir plutôt qu'aider la liberté du commerce.

C'est donc, au point de vue de cette liberté, favorisée par une institution qui présente toute garantie de loyauté, d'aptitude et d'assiduité, assurée dans le taux de ses frais par un tarif bien au-dessous de ce que coûteraient ces mêmes frais dans le cas de commissionnaires libres, tranquillisée dans ses opérations d'arrivage et d'enlèvement surveillées qu'elles sont et contrôlées par une inspection spéciale ; c'est au point de vue de cette liberté du commerce, affranchie du soin que nécessite la marchandise avant son débit, que nous défendons le service des ports. La véritable liberté du commerce, c'est la facilité de la vente et de l'achat, et plus on dégagera cette dernière des préoccupations de la marchandise conservée et classée avant toute transaction ; plus, en outre, on lui ménagera d'entrepôts où elle pourra s'offrir en toute sécurité des deux parts, plus on agira en faveur des idées nouvelles, raisonnables et pratiques.

En quoi pourrait-il être utile, en effet, de favoriser l'établissement de commissionnaires libres sur certains ports du bassin de la Seine ? Tout au plus à satisfaire quelques convenances locales, un commerce forain qui, ayant ses hommes de confiance, les préfère à ceux qu'on lui adresserait de Paris, à des personnes enfin qui, n'ayant pas encore expérimenté le service des ports, s'imaginent que ce service est tracassier, exigeant et partial. Quant au choix des individus, il est positif qu'on peut et qu'on doit même s'entendre pour qu'il soit, autant que possible, de l'agrément des principaux intéressés ; et c'est précisément parce qu'on n'a pas pu consulter le commerce entier d'un des ports de la Marne qu'une partie de ce commerce a naguère pétitionné contre les nominations dernières, tandis que l'autre partie du même commerce est restée satisfaite et silencieuse. Une enquête, faite à ce sujet, a prouvé jusqu'à l'évidence que la pétition, parvenue à l'Administration, partait de négociants dont les affaires sont rares sur les ports et surtout avec le commerce de Paris. Cette question nous semble donc favorable à l'extension du service, car sa solution a abouti à un arrangement amiable entre les intéressés, le commerce de Paris étant toujours disposé à faire des concessions sages et raisonnables au commerce forain. Trancher, au contraire, cette question en supprimant sur les lieux l'intervention du service des ports, eût été s'exposer à agir contrairement aux intérêts bien compris des deux commerces, et à leur entente future au profit de l'approvisionnement de Paris.

Le caractère principal des gardes-ports est celui d'employés du commerce; c'est à ce titre qu'ils sont choisis par les marchands de bois, présentés de concert au choix de M. le Ministre par la province et Paris, surveillés concurremment dans l'accomplissement de leur tâche par des syndicats constitués et par une inspection spéciale, et qu'avant tout ils doivent offrir des garanties d'aptitude et de connaissances particulières, utiles à l'appréciation

et à la classification des bois. S'ils ne devaient
pas être commissionnés, rien ne les garantirait de la concurrence; ce seraient de véritables commissionnaires, dont l'intervention
serait acceptable ou refusable par chacun, qui
n'auraient que les clients qu'ils se seraient
attirés, et qui, n'ayant à considérer que leurs
intérêts propres, feraient eux-mêmes le commerce, entreraient dans les transactions locales selon leur caprice, favoriseraient leurs
mandataires au détriment des autres négociants, et n'inspireraient qu'une confiance personnelle et restreinte, ce qui obligerait dans
bien des cas le commerce de Paris à avoir, au
désavantage de ses frais généraux, des mandataires spéciaux, ou à se déranger pour acquérir, à aller sur place juger les lots qu'on lui
proposerait. Tel serait le résultat immédiat de
l'abandon par l'Administration du service des
ports.

Mais que deviendraient alors les sages prescriptions de l'ordonnance de 1672, relatives
aux mesures légales et au triage équitable de
la marchandise? Qui empêcherait le vendeur
de mélanger son bon bois de rebuts, d'intercaler dans les piles des essences secondaires?

Le bois à brûler ne serait plus acheté qu'en bloc sur les ports, ce qui nécessiterait ultérieurement des opérations de division fort dispendieuses pour l'honnête marchand ; ou bien ce bois serait livré à la vente en détail avec un mélange tout à fait défavorable au consommateur. Qu'on y réfléchisse, en effet, l'intervention tardive ou négligée de l'État dans certaines transactions amènerait fatalement soit un renchérissement forcé, soit une dépréciation manifeste de la marchandise, et le consommateur serait dupe dans les deux cas : ou il paierait plus cher, ou il serait mal servi ; c'est toujours à lui qu'aboutissent tôt ou tard ces innovations, dont on ne prévoit pas assez les dangers.

On dira que par les tribunaux on peut se défendre de la fraude. Certainement ; mais, outre l'ennui que chacun éprouve à se plaindre, outre les frais que nécessite la répression de tout dol, n'est-ce donc pas un bienfait de la loi de prévenir ces abus, ces plaintes, ces procès, et d'arrêter le mal à sa source par une réglementation consentie depuis deux cents ans ? Voilà une des causes qui militent en faveur du service des Ports, tel qu'il est constitué par le décret de 1852, commémoratif et récapitulatif d'une suite d'ordonnances non abrogées sur la matière. Voilà pourquoi on a commissionné les agents du service, et qu'on leur a donné le pouvoir d'appliquer impartialement les règles de l'équité aussi bien que les usages commerciaux. Supposez-les libres, ils sont à la merci de leurs mandataires, et la police des intérêts commerciaux échappe à l'administration ; maintenez, au contraire, leur situation actuelle, et d'employés de certains marchands, vous en faites des employés du commerce en général, sous l'inspection de l'Etat, avec un code pour défendre les intérêts de tous et un appui administratif pour se défendre eux-mêmes.

C'est dans cette dernière position seulement que le service des ports peut rester efficace, et réunir les qualités et les pouvoirs que nous avons mentionnés plus haut. Tout en assurant l'ordre matériel des ports conjointement avec les agents de la navigation, il assure ainsi, au point de vue commercial, la sécurité de ces véritables entrepôts, que l'approvisionnement de Paris en une denrée de première nécessité exige dans le bassin de la Seine. Les bois à brûler surtout, marchandise encombrante et spéciale s'il en est, redoutent principalement les faux-frais qui peuvent en doubler le revient, au détriment du prix final qu'on voudrait leur voir conserver. Les exposer à des stations coûteuses et incertaines sur les bords des rivières, leur seul chemin profitable, les livrer à l'avidité de commissionnaires durant leurs séjours forcés entre la forêt où on les débite et le port où on les entrepose, changer leur situation fixe et légale en un droit commun où ils auraient à se débattre entre le propriétaire et le locataire des terrains de dépôts, ne bénéficiant plus d'une servitude riveraine, véritable expropriation locative, qui leur permet d'épargner le plus de chemin possible entre la forêt et la rivière, et diminue d'autant les frais excessifs du transport par voiture ; les priver de tous ces avantages au profit d'une liberté douteuse, non du commerçant assurément, mais de l'intermédiaire qui les recevrait en consignation, ne serait-ce pas compromettre un commerce important, un approvisionnement régulier, et n'aboutir sans doute qu'à une augmentation d'une marchandise indispensable, et que son encombrement empêche à tout jamais d'entreposer à Paris même? Ne serait-ce pas enfin, et à la longue, déprécier les produits forestiers, déjà si éventuels, si difficiles à maintenir chez les particuliers et à conserver par le Domaine; ne serait-ce pas les exposer à une diminution dans leur achat sur pied en rapport avec les frais nouveaux qui leur incomberaient? Telle est une partie des raisons qu'on peut faire valoir à l'encontre de ceux qui déclament contre un service dont ils ignorent l'utilité, ou dont ils redoutent l'intervention.

En quoi le service des ports pourrait-il encore une fois sembler une entrave à la liberté du commerce? Parce qu'il s'impose à tout marchand qui apporte des bois sur les ports-entrepôts. Nous disons *qui apporte des bois*, parce que les autres marchandises ne sont pas obligatoirement soumises à l'intervention des agents. Le garde-port a donc deux caractères différents et tranchés : il est agent bénévole pour toute marchandise qui ne provient pas des forêts, il n'est agent obligatoire que pour le commerce de bois. qui s'est formé en compagnie, afin de faire certaines dépenses en commun, et économiser sur certains faux-frais moyennant un tarif consenti, et placé sous les auspices de l'Etat, obtenir enfin la continuation d'une servitude riveraine indispensable à ses intérêts. Et ce n'est pas qu'en cela il jouisse de priviléges spéciaux et surannés; bien au contraire, il n'obtient du Ministère des travaux publics qu'une concession analogue à celle que lui fait le Ministère des finances, c'est-à-dire l'administration des forêts, en lui accordant seize mois pour procéder à l'abattage et au débit des bois, et pour effectuer la vidange des ventes qu'il a acquises. Or, s'il ne se trouvait pas sur le bord des rivières des terrains appropriés au séjour, au triage et à la mise en état dés bois, on serait forcé ou de les entreposer sur des points déterminés, et dont l'éloignement augmenterait considérablement les frais de transport par voiture, ou de les amener immédiatement à Paris, chose impossible.

D'où vient donc toute réclamation plus ou moins fondée contre le service des ports? De l'intervention obligatoire des agents commissionnés; et pourquoi l'intervention des gardes-ports est-elle obligatoire? Dans le seul but d'assurer la rémunération de leur travail.

Pour pouvoir ne tarifer qu'à un taux extrê-
mement minime leurs soins et peines, pour ne
les payer que suivant le mouvement de marchandises auquel ils président, il a fallu leur
fixer un quantum modique, mais régulier,
pour chacune de leurs opérations. De là allègement pour tous dans les salaires d'une surveillance, d'une mise en état, de comptages et
d'écritures qu'il faudrait solder plus chère-
ment si le nombre des intéressés était moindre, et si tout marchand était libre de choisir
un mandataire spécial. Que favorise - t - on
ainsi? Le commerce en général contre de rares réfractaires, qui ne consentent que difficilement à s'astreindre aux règles acceptées par
le plus grand nombre. Or, ces règles d'équité
dans la marchandise offerte, ces règles indis-
cutables sur les quantités légales, serait-on
sûr qu'elles fussent appliquées avec autant de
désintéressement par des agents non commissionnés, non responsables, non contrô-
lés?

Ceci est une expérience qu'il faudrait faire
avant de tout changer; et pour la faire, comment s'y prendre? Donner le droit aux inspecteurs des ports actuels de contrôler les actes et

les écritures des commissionnaires aussi bien
que des agents commissionnés, de même que
les inspecteurs d'Académie surveillent à la
fois l'enseignement libre et l'enseignement
universitaire. Mais comment contraindre des
commissionnaires indépendants à se soumettre au contrôle de fonctionnaires publics, sinon
en leur en faisant une condition au moment
même de leur établissement, et lors de l'autorisation qu'on leur accorderait de créer des
ports libres. Pour sauver la tenue régulièrement commerciale des ports, pour protéger
efficacement la loyauté des entrepôts par la légalité des mesures cubiques, il serait essen-
tiel de n'en pas abandonner la surveillance,
d'imposer certaines obligations et contrôles
aux commissionnaires, ou plutôt de n'admettre ces derniers qu'avec grande prudence, qu'à
des conditions sévères et équitables, et de façon que leur établissement ne compromette ni
le service des ports, ni surtout l'économie des
frais et l'équité des transactions. L'honnêteté
chez les intermédiaires ne doit pas être seulement recommandée, mais imposée par l'administration. Aussi pensons-nous que la justice
et le bon sens prévaudront contre des inno-

vations funestes, si l'on consulte les vrais intéressés, et si l'on ne cesse de protéger un
commerce intègre et immémorialement constitué.

Il y a autant d'injustice à abroger telle loi
utile qu'à promulguer telle loi arbitraire. Une
fois que sont acquis au commerce de Paris,
fussent même depuis Colbert, l'équité tradi-
tionnelle dans les transactions, la mesure légale des bois, le triage équitable du bon d'avec
le mauvais, personne n'a le droit de suppri-
mer ces règles protectrices, sous le prétexte de
liberté de commerce et autre tendance moderne. Il ne faut pas remplacer les choses par
les mots, les règles nécessaires par des droits
illimités ; la liberté ne peut jamais aller jusqu'à permettre qu'on se dispense des lois de
l'honneur et de la probité, et tant qu'il y aura
des tribunaux pour appliquer les règlements
et des cours pour les interpréter, il n'est pas
admissible que personne puisse empêcher un
commerce de jouir des priviléges de l'honnêteté et de la délicatesse, ces derniers priviléges n'ayant pas été, que nous sachions, supprimés en 1789.

Que demande-ton en un mot ?

Que l'administration maintienne le service des ports, et ne laisse pas par tolérance s'établir des gardes-ports-marrons, sous le nom de commissionnaires, sans garanties, sans tarif et sans loi.

LÉGISLATION.

Nous avons vu dans les livres précédents que l'État s'était préoccupé, dès le XIIIe siècle, du transport des marchandises par la voie des rivières. Plus tard, sous Charles VI, en 1415, est survenue la première ordonnance qui réglemente les arrivages à Paris, et qui contient déjà une partie des prescriptions que l'œuvre de Colbert, en 1672, a coordonnées et pour ainsi dire codifiées. Successivement, en effet, étaient intervenus des ordonnances de François Ier, de Charles IX, d'Henri III, des édits du roi, des lettres-patentes, des arrêts du conseil d'État et du Parlement, enfin, des ordonnances et sentences du bureau de la ville de Paris, tous édictés en faveur du commerce, principalement du commerce de bois, et lui assurant l'usage de la voie marinière, tout en prescrivant des règles à ses transactions, à sa

vente et à ses dépôts. De toutes ces lois lentement perfectionnées, sont sortis des principes
qui gouvernent encore la matière, et qu'ont
sanctionnés nos codes modernes. Avant donc
d'insérer dans son complet le règlement-type
sur la police des canaux, dont la plupart des
prescriptions s'appliquent aussi à la navigation
des rivières, ainsi que le décret du 21 août
1852, qui résume toute la législation anté-
rieure sur les ports, et qui trace les devoirs des
agents créés pour l'utilité du trafic, il nous a
paru indispensable de faire précéder ces deux
grands règlements, d'un extrait des actes précédents et des principes qui fixent actuellement la *domanialité*.

C'est à l'illustre L'Hôpital, dans son édit
ds Moulins de février 1566, qu'on doit l'ina-
liénabilité du domaine de la couronne. Il re-
vendiqua la propriété des rivières flottables et
navigables au profit de l'État, c'est-à-dire à
l'usage de tous, et, de ces principes généraux,
admis sur son rapport et déclarés équitables
et utiles, sont nés les articles suivants de nos
lois diverses qui fondent à jamais le droit de
l'État, et servent si efficacement l'intérêt du
trafic.

1° DOMANIALITÉ.

Domaine public. — Les fleuves et rivières navigables ou flottables, etc., sont considérés comme des dépendances du domaine public (Code Napoléon, art. 538. Lois des 22 novembre et 1er décembre 1790, 9 mars 1798).

Sont seules reconnues les possessions privées, commencées sans vice avant le 1er avril 1566. (Déclaration du roi, d'avril 1683.)

Domaine de l'État. — Les îles, îlots, atterrissements, qui se forment dans le lit des fleuves ou rivières navigables ou flottables, appartiennent à l'État, s'il n'y a titre ou prescription contraire (Code Napoléon, art. 560).

L'alluvion profite au propriétaire riverain, à la charge de laisser le marchepied ou chemin de halage conformément aux règlements (Code Napoléon, art. 556).

Produits perçus par l'État. — Sont expoités au profit de l'État : les passages d'eau communs (Loi du 6 frimaire an VII) ; la pêche et les produits des francs-bords (Lois des 14 floréal an X, 15 avril 1829, etc.).

L'État perçoit, en outre, des impôts sur la

navigation (Lois des 30 floréal an X, 9 juillet 1836, etc.) ; sur les concessions d'eau (Loi de finance du 16 juillet 1840).

Droits généraux de l'État sur les voies navigables et leurs dépendances.

1° CONSERVATION DES VOIES NAVIGABLES.

Interdictions. — Nul ne peut, sans autorisation, y établir ou y réparer des moulins, bâtardeaux, gords, murs ; y faire des amas de pierres, plantations, etc. ; ni même y jeter aucunes ordures, immondices, gravois, pailles et fumiers, ni les amasser sur les quais et rivages ; mettre rouir du chanvre, etc. ; détourner l'eau ou en affaiblir et altérer le cours par tranchées, fossés et canaux ; ni mettre aucun empêchement au passage des bateaux et trains de bois, sous peine de dommages et intérêts (Ordonnance d'août 1669, titre XXVII, art. 42-44. — Ordonnance de décembre 1672, chap. I, art. 4. — Arrêt du 24 juin 1777, art. 1-4. — Arrêté du gouvernement du 19 ventôse an VI (1), art. 9 et 10).

(1) 9 mars 1798.

Prescriptions. — Les riverains, mariniers ou autres, sont tenus de faire enlever les bateaux étant à fond d'eau et de faire ôter les pierres, terres, bois, pieux, débris de bateaux et autres empêchements étant de leur fait ou à leur charge (Ordonnance de 1672, chap. I, art. 10 ; arrêt du 24 juin 1777, art. 3).

2° SERVITUDES ÉTABLIES DANS L'INTÉRÊT DE LA NAVIGATION.

Chemin de halage. — Il est enjoint à tous propriétaires de livrer 24 pieds (7^m,80) de largeur pour le halage des bateaux et traits des chevaux le long des bords de la rivière, ainsi que sur les îles où il en serait besoin (Ordonnance d'août 1669, titre XXVIII, art. 7. — Ordonnance de décembre 1672, chap. I, art. 3. — Arrêt du 24 juin 1777, art. 2).

Constructions dans le voisinage de la rivière. — Il est interdit de planter arbre ou haie, et de tirer fossé ou clôture plus près des bords que 30 pieds (9^m,75). (*Ibid.*).

Extraction de matériaux dans le voisinage de la rivière. — Il est interdit de tirer des terres, sables ou autres matériaux, plus près des bords que de 6 toises (11^m,69). (Ordonnance d'août 1669, titre XXVII, art. 40. — Ordonnance de décembre 1672, chap. I, art. 2. — Arrêt du 24 juin 1777, art. 4.)

Occupation de terrains pour amas de bois, etc. — Les marchands de bois pourront se servir des terres proches de la rivière pour y faire les amas de leurs bois, soit pour les charger en bateaux, soit pour les mettre en trains, en payant annuellement pour l'occupation desdits héritages, 0 fr. 10 par corde de bois empilé sur une terre en labour, et 0 fr. 15 par corde de bois empilé sur une terre en nature de pré. Les bois déposés seront empilés à une hauteur de 2^m,60 (8 pieds); lorsqu'ils seront empilés à une hauteur moindre, l'indemnité sera payée pour les couches incomplètes à raison de la quantité des cordes qu'elles contiendraient si elles étaient portées à ladite hauteur. (Ordonnance de décembre 1672, chap. XVII, art. 14 et 15. — Loi du 28 juillet 1824, art. 1 et 2.)

Passage des bateaux et trains de bois aux pertuis des moulins. — Les propriétaires et meuniers des moulins établis sur la rivière, doivent tenir les pertuis ouverts en tout temps lorsqu'il y a 2 pieds (0^m,65) d'eau en rivière ; et, quand les eaux sont plus basses, ouvrir leurs pertuis toutes les fois qu'ils en sont requis, et les laisser ouverts pendant un temps suffisant pour que les bateaux ou trains de bois puissent profiter du flot pour gagner un autre pertuis. Il est défendu aux propriétaires de moulins et meuniers d'exiger aucune indemnité pour ces manœuvres. (Ordonnance de décembre 1672, chap. I, art. 5. — Arrêt du 24 juin 1777, art. 9.)

Il leur sera payé, par les mariniers ou marchands qui auront occasionné des chômages de moulins au sujet du passage des bois flottés, une somme de 4 fr. pour chômage d'un moulin pendant vingt-quatre heures, quel que soit le nombre des tournants. (Ordonnance de décembre 1672, chap. XVII, art. 13. — Loi du 28 juillet 1824, art. 1.)

3° Police du halage des bateaux, etc.

Rencontre de bateaux, trains ou radeaux. — Les voituriers conduisant bateaux ou trains aval la rivière, sont tenus, avant de passer les ponts et pertuis, d'envoyer un de leurs compagnons pour reconnaître s'il n'y a pas quelque bateau ou train montant embouché dans les arches des ponts ou dans les pertuis, auquel cas l'avalant sera tenu de se garer jusqu'à ce que le montant soit passé. (Ordonnance de décembre 1672, chap. II, art. 3.)

Il est enjoint aux bateaux halés montant, venant à rencontrer des bateaux halés descendant, de se retirer vers terre pour laisser passer l'avalant. (Ordonnance de décembre 1672, chap. II, art. 5.)

Sont tenus tous conducteurs de trains de bateaux montants, pour faciler le passage des coches et bateaux descendants, de faire voler par dessus les dits bateaux montants la corde appelée *cincenelle ;* et sont tenus les conducteurs des coches et bateaux montants, de lâcher leur cincenelle, en sorte qu'elle passe par dessous le bateau montant (Ordonnance de décembre 1672, chap. II, art. 6).

Chargement des marchandises. — Défense est faite aux charretiers d'entrer dans le lit de la rivière pour charger les marchandises, sous peine d'amende (Ordonnance de décembre 1672, chap. IV, art. 21).

Stationnement du côté du halage. — Est interdit tout arrêt, comme tout stationnement du côté du halage (Arrêt du 24 juin 1777, art. 8).

Tels sont les principes qui fixent les droits de l'État, et qui assurent l'usage de la voie navigable. Pour en rendre plus faciles le sens et l'application, nous demanderons à l'excellent manuel sur la *navigation de la Marne* de M. L.. Lalanne, actuellement inspecteur général des Ponts et Chaussées, un résumé aussi lucide que complet de la législation des voies fluviales. M. Lalanne nous pardonnera cet emprunt en faveur d'un service dont il a compris toute l'importance, et dont il a si utilement protégé les intérêts. Si son livre n'était pas épuisé, nous aurions été moins indiscret ; mais, à coup sûr, nous n'aurions pu si bien faire, et le lecteur y aurait perdu.

Coup d'œil d'ensemble sur la législation relative à la conservation et à la police des voies navigables.

§ I. DES CONTRAVENTIONS, DES DÉLITS ET DES PEINES.

Bases des dispositions générales de la législation en vigueur. — Les *ordonnances, édits* et *déclarations* des rois et les *arrêts du conseil* (1) (dont les principaux ont été précédemment cités), étaient la base de la législation relative à la conservation et à la police des voies navi-

(1) « Sous l'ancien régime on comptait trois espèces de dispositions générales émanant de l'autorité royale : 1° les *ordonnances*, proprement dites, qui étaient rendues par le prince à la suite des remontrances des États à lui faites dans les assemblées périodiques ou dans les circonstances solennelles ; ces actes étaient ordinairement relatifs à des matières d'utilité générale ; 2° les *édits* rendus spontanément, et qui avaient toujours pour but un seul objet ; 3° les *déclarations* qui ne contenaient pas une disposition nouvelle comme les ordonnances et les édits, mais qui interprétaient, modifiaient, étendaient ou restreignaient les dispositions d'une ordonnance ou d'un édit antérieur.

« On comptait aussi trois espèces de constitutions spéciales : 1° les *rescrits* ou lettres de chancellerie, adressés par le roi à des officiers de justice dans le but d'assurer l'exécution d'un ordre donné en faveur de quelqu'un, tels que des lettres de grâce et des lettres de justice ; 2° les *arrêts du Conseil d'État* ou décisions rendues par le roi en son Conseil, à l'occasion de requêtes présentées soit par un sujet, soit par un magistrat ; 3° les *lettres patentes*, qui octroyaient ou confirmaient soit un droit, soit un privilège. On appelait encore lettres patentes toutes les lettres du grand sceau qui étaient ouvertes, tandis que les lettres de cachet étaient fermées. (Ch. Vergé, *Législation*, dans Patria, p. 1276.)

gables, lorsque la Révolution française vint à éclater. Non-seulement, ils ne furent compris dans aucune des abrogations qui firent disparaître un si grand nombre de lois léguées par l'ancien régime, mais ils ne tardèrent pas à être implicitement maintenus, au moins dans leur ensemble. D'abord l'article 2 de la loi des 22 novembre et 1er décembre 1790 relative aux domaines nationaux porte que « les fleuves et « les rivières navigables, les rivages, lais et « relais de mer... sont considérés comme des « dépendances du domaine public. » Ensuite l'article 29 § 2 de la loi des 19-22 juillet 1791 relative à l'organisation d'une police municipale, « confirme provisoirement les règlements « qui subsistent touchant la voirie...

La loi du 21 septembre 1792 porte que, « jusqu'à ce qu'il en ait été autrement ordonné, « les lois non abrogées seront provisoirement « exécutées. »

Plus tard l'arrêté du Gouvernement en date du 13 nivôse an V dispose que « les lois « et règlements de police sur le fait de la na« vigation et chemins de halage seront exécu« tés selon leur forme et teneur. » Les articles 556 et 650 du Code Napoléon, l'article 4 du décret du 22 janvier 1808, confirment et généralisent la servitude du halage.

Ainsi les anciens édits, ordonnances ou arrêts, notamment ceux d'août 1669, de décembre 1672, du 27 juillet 1723, du 24 juin 1777, qui concernent la navigation, ont été acceptés et sanctionnés par les pouvoirs réguliers issus de la Révolution française, et doivent être considérés comme en vigueur pour toutes celles de leurs dispositions qui n'ont pas été annulées ou modifiées par quelque disposition législative postérieure.

Constatation et répression des délits et contraventions. — L'arrêté du Gouvernement en date du 19 ventôse an VI, vise expressément les articles 42, 43 et 44 de l'ordonnance des eaux et forêts du mois d'août 1669 relatifs aux entreprises de nature à entraver le libre cours des rivières navigables ou flottables, articles qui prononcent soit une amende arbitraire, soit 500 livres d'amende, suivant le cas, et qui ordonnent la destruction des entreprises illicites aux dépens des contrevenants, sans préjudice des dommages et intérêts.

Le décret du 10 avril 1812 déclare applicable aux canaux, rivières navigables, ports maritimes de commerce et travaux à la mer, le titre IX du décret du 16 décembre 1811 relatif à la répression des délits de grande voirie.

La loi du 29 floréal an X relative aux contraventions en matière de grande voirie ne s'étant pas expliquée sur les peines, les pénalitées édictées antérieurement devaient avoir leur plein et entier effet (Circulaire du conseiller d'État chargé spécialement des ponts et chaussées, 13 frimaire an XI).

Dans les anciennes ordonnances, le chiffre de l'amende pour simple contravention ou délit était laissé le plus souvent à l'arbitraire du juge. Dans quelques-unes cependant ce chiffre était fixé d'une manière invariable et s'élevait à 300, 500 ou même à 1,000 livres.

L'article 1er de la loi du 23 mars 1842 a eu pour but de limiter le maximum à 300 francs dans le premier cas, et de permettre d'en abaisser le chiffre dans tous les autres cas.

« À dater de la promulgation de la présente « loi, les amendes fixes établies par les règle- « ments de grande voirie antérieurs à la loi « des 19-22 juillet 1791 pourront être modé- « rées, eu égard au degré d'importance ou aux

« circonstances atténuantes des délits, jus-
« qu'au vingtième desdites amendes, sans
« toutefois que ce minimum puisse descendre
« au-dessous de 16 francs.

« A dater de la même époque, les amendes
« dont le taux, d'après ces règlements, était
« laissé à l'arbitraire du juge, pourront varier
« entre un minimum de 16 francs et un maxi-
« mum de 300 francs. »

La loi du 29 floréal an X est la base de
toute constatation des contraventions qui doivent être poursuivies par voie administrative
(art. 1ᵉʳ).

Suivant l'article 2, « les contraventions
« sont constatées concurremment par les mai-
« res ou adjoints, les ingénieurs des ponts et
« chaussées, leurs conducteurs, les agents de
« la navigation, les commissaires de police et
« par la gendarmerie. »

Les préposés aux droits réunis et aux oc-
trois, les cantonniers et les gardes champêtres
sont aussi appelés à constater les contraventions en matière de grande voirie par procès-
verbaux qui devront être affirmés devant le
juge de paix du canton, le maire ou l'adjoint
du lieu (Decret du 18 août 1810, art. 1 et 2;

décret du 16 décembre 1811, titre IX, art. 112 et décret du 10 avril 1812).

Aux termes de l'article 2 de la loi du 23 mars 1842 déjà citée, « les piqueurs des « ponts et chaussées et les cantonniers-chefs, « commissionnés et assermentés à cet effet, « constateront tous les délits de grande voirie, « concurremment avec les fonctionnaires et « agents dénommés dans les lois et décrets « antérieurs sur la matière. »

D'après le titre ix, article 113 du décret du 16 décembre 1811, rendu applicable aux canaux, rivières navigables, ports maritimes de commerce et travaux à la mer, par le décret du 10 avril 1812, les procès-verbaux sont adressés au sous-préfet qui ordonne sur-le-champ, aux termes des articles 3 et 4 de la loi du 29 floréal an x, la réparation des délits par les délinquants ou à leur charge, s'il s'agit de dégradations, dépôts de fumier, immondices ou autres substances, et en rend compte au préfet en lui adressant les procès-verbaux. Mais cette marche n'est pas habituellement suivie dans la pratique du service de la navigation. En cas d'urgence incontestable, une mise en demeure est faite par un arrêté préfectoral prescrivant éventuellement l'exécution d'office. En dehors de ce cas, il est d'usage que l'administration n'agisse qu'en vertu de condamnations prononcées par le Conseil de préfecture.

Les infractions à divers lois, ordonnances et décrets, qui intéressent la police de la voie navigable et la conservation des droits de l'État, sont du ressort des tribunaux ordinaires (lois du 9 juillet 1836, art. 20 et 21, p. 130 ; du 21 juillet 1856, 120 et suivantes, et du 31 mai 1865, p. 147 et suiv.), lors même qu'ils n'ont à prononcer que des amendes. Tout au contraire, les tribunaux administratifs sont incompétents pour appliquer d'autres peines qu'une amende et la destruction des ouvrages indûment exécutés. Ils ne connaissent que des contraventions et délits qui ne peuvent entraîner que des peines de ce genre. C'est aux tribunaux ordinaires seulement qu'il appartient de prononcer des peines correctionnelles ou afflictives. Aussi les procès-verbaux qui ont pour objet la constatation de faits du ressort de la juridiction ordinaire doivent-ils être transmis au procureur près le tribunal dans le ressort duquel les faits ont eu lieu.

Quel que soit leur objet, les procès-verbaux sont rédigés sur des imprimés *ad hoc* portant la formule d'un visa préalable pour timbre.

Ils doivent, à peine de nullité, être affirmés par l'agent verbalisateur dûment assermenté, dans les trois jours de leur clôture. (Conseil d'État, 8 et 18 novembre 1838.)

Le timbre doit être apposé à côté de sa signature par le juge de paix ou le maire qui a reçu le serment.

Les procès-verbaux sont en outre enregistrés *en débet* dans les quatre jours de leur clôture (pour ceux qui n'ont pas besoin d'être affirmés) ou de leur affirmation au bureau de la localité où ils ont été dressés, ou à celui de la résidence de l'agent qui a verbalisé. Dans le but d'éviter aux agents de fréquents déplacements et des pertes de temps préjudiciables aux intérêts du service, le ministre des travaux publics, par une circulaire du 19 janvier 1867, décide, de concert avec le ministre des finances, que ces agents pourront à l'avenir faire enregistrer leurs procès-verbaux au bureau de l'enregistrement le plus voisin de leur résidence. (Art. 20, titre III, et article

70, titre XI, de la loi du 22 frimaire an VII.)

La punition encourue par l'agent qui aurait négligé l'accomplissement de cette formalité a été mitigée par les arrêts de la Cour de cassation des 18 février 1820, 23 février 1827 et 2 août 1828, et par un arrêt de la même Cour du 16 janvier 1824, visés par la circulaire ministérielle du 15 octobre 1848.

L'original de chaque procès-verbal est accompagné d'une copie reproduisant identiquement toutes les écritures de la minute, et contresignée de l'agent verbalisateur avec les mots : *Pour copie conforme.*

« Les procès-verbaux constatant à la fois et
« des contraventions prévues au paragra-
« phe 1 (1) et au 2 (2) du présent article, et
« des délits spécifiés au paragraphe 3 (3), se-
« ront déférés en même temps à chacun des
« tribunaux compétents et, à cet effet, dressés

(1) Contraventions de grande voirie.

(2) Contraventions aux dispositions du règlement qui ne rentrent dans aucun des cas prévus par les anciennes lois et ordonnances.

(3 Insultes et mauvais traitements envers les agents de l'administration dans l'exercice de leurs fonctions et, en général, délits qui peuvent entraîner une peine corporelle.

« en autant d'expéditions (original et copie)
« qu'il y aura de juridictions appelées à en
« connaître. » (Réglement-type pour la police
des canaux du 21 juin 1855, titre VII, art. 2,
p. 196.)

Les contraventions sont prouvées, soit
par procès-verbaux ou rapports, soit par témoins, à défaut de rapports et de procès-verbaux, ou à leur appui. — Nul n'est admis, à
peine de nullité, à faire preuve par témoins
outre ou contre le contenu aux procès-verbaux
ou rapports des officiers de police, ayant reçu
de la loi le pouvoir de constater les délits
ou les contraventions jusqu'à inscription de
faux. Quant aux procès-verbaux et rapports
faits par des agents, préposés ou officiers,
auxquels la loi n'a pas accordé le droit d'en
être crus jusqu'à inscription de faux, ils pourront être débattus par des preuves contraires,
soit écrites, soit testimoniales, si le tribunal
juge à propos de les admettre (*Code d'inst.
crim.*, art. 154.)

La jurisprudence du Conseil d'État (arrêts du 8 juin 1832, du 15 mars 1834, du
19 janvier 1836, etc.) applique cette dernière
disposition du Code aux procès-verbaux dres-

sés par les agents de la voirie, par les gendarmes, etc, : ils ne font foi que jusqu'à preuve contraire. (A. Potiquet, *Recueil de décrets, lois, ordonnances, etc.,* t. I, p. 95.)

L'action publique et l'action civile pour une contravention de police sont prescrites après une année révolue à partir du jour où elle a été commise, même lorsqu'il y a eu procès-verbal, saisie, instruction ou poursuite, si dans cet intervalle il n'est point intervenu de condamnation. S'il y a eu jugement définitif de première instance de nature à être attaqué par la voie de l'appel, l'action publique et l'action civile se prescrivent après une année révolue, à compter de la notification de l'appel qui en aura été interjeté. (*Code d'inst. crim.,* art. 640.)

Les contraventions en matière de grande voirie sont soumises, quant à la peine, à la prescription établie par cet article. Mais l'action publique, à l'égard des travaux indûment faits, demeure toujours aux mains de l'administration qui peut poursuivre la répression, quel que soit le laps de temps écoulé. (A. Potiquet, *Recueil de décrets, etc.,* t. I, p. 95.).

Parmi les dispositions législatives de

droit commun, il en est qui se rapportent particulièrement à la conservation des ouvrages faisant partie du domaine public, et d'autres qui ont pour objet spécial de protéger, dans l'exercice de leurs fonctions, les magistrats et agents chargés de réprimer ou de signaler toute atteinte aux lois et règlements relatifs à la police de la grande voirie et aux dépendances du domaine public.

Ainsi la destruction volontaire de tout ou partie des édifices, ponts, digues ou chaussées ou autres constructions qu'on sait appartenir à autrui, l'explosion causée volontairement d'une machine à vapeur, sont des crimes qui sont punis de la réclusion et même de la peine des travaux forcés à temps, s'il y a eu homicide ou blessures. (Code pénal, art. 437.)

De même les violences ou voies de fait, ou même les outrages commis par paroles ou par écrits contre les magistrats, les jurés, les officiers ministériels, les agents de la force publique ou les citoyens chargés d'un ministère de service public, pendant qu'ils exerçaient leur ministère, ou à cette occasion, sont punis d'une peine dont le minimum est un emprisonnement de quinze jours, et qui peut s'élever jusqu'aux travaux forcés si la mort s'en est suivie, jusqu'à la mort du coupable s'il y a eu intention de donner la mort. Il peut y avoir, en outre, dans certains cas moins graves, une amende de 16 à 500 fr. (Art. 222, 223, 228 à 233 du Code pénal, modifié par les lois du 28 avril 1832 et du 13 mai 1868.)

§ 2. — DES DIVERSES JURIDICTIONS.

Attributions et compétence. — « Les administrateurs de département, sous l'autorité et l'inspection du roi, sont chargés « de la con - « servation des propriétés publiques, de celle « des forêts, rivières, chemins, etc. » (Art. 2, section 3 de la loi des 14-22 décembre 1789, relative à la constitution des assemblées primaires et des assemblées administratives. — Lettres-patentes du roi sur la loi précitée. Janvier 1790.)

« L'administration en matière de grande voi- « rie appartient aux corps administratifs. » (Loi des 6, 7 et 11 septembre 1790. Titre XIV, art. 6).

La loi des 6, 7 et 11 septembre 1790 portait (art. 6) : « L'administration, en matière de « grande voirie appartiendra aux corps admi_

« nistratifs, et la police de la conservation
« tant pour les grandes routes que pour les
« chemins vicinaux, aux juges de district. »

La loi du 29 floréal an X, relative aux contraventions en matière de grande voirie, enlève cette attribution aux juges de district en
statuant : « Art. 1. Les contraventions en ma-
« tière de grande voirie, telles qu'anticipations,
« dépôts de fumiers ou d'autres objets et toutes
« espèces de détériorations commises sur les
« grandes routes, sur les arbres qui les bor-
« dent, sur les fossés, ouvrages d'art et maté-
« riaux destinés à leur entretien, sur les ca-
« naux, fleuves et rivières navigables, leurs
« chemins de halage, francs-bords, fossés et
« ouvrage d'art seront constatées, reprimées
« et poursuivies par voie administrative. »

Quelques incertitudes subsistèrent pendant
assez longtemps encore sur la compétence des
deux juridictions administrative et ordinaire.
Cependant, les principes qui ont prévalu depuis sont exposés d'une manière très-nette
dans une circulaire du conseiller d'Etat chargé
pécialement des ponts et chaussées (13 frimaire an XI) sur l'exécution de la loi du 29
floréal an X. L'auteur de la circulaire, s'ap-

puyant sur l'autorité du grand juge et ministre
de la justice, insiste sur ce que cette loi enlève
aux tribunaux ordinaires, pour l'attribuer aux
conseils de préfecture, l'application des peines
pécuniaires encourues par les contrevenants
en matière de grande voirie, et la fixation des
indemnités, restitutions et réparations aux-
quelles les contraventions peuvent donner
lieu.

Nous bornons ici nos extraits de l'œuvre si
exacte et si consciencieuse de M. Lalanne.
Aussi bien, tout agent de la navigation et des
ports, après s'être pénétré de ses devoirs et
avoir lu avec attention la citation que nous
venons de faire, peut être capable de constater
tout délit ou contravention et saura à qui
adresser ses procès-verbaux. Quant à la compétence des juges, il est évident que les conseils
de préfecture, institués par la loi du 28 plu-
viôse an VIII, sont appelés à apprécier tout
tort fait à l'Etat, comme les tribunaux de commerce tout refus de rétributions fixées par un
tarif légal. Le recours de l'un, en cas d'appel,
sera le Conseil d'Etat, et le recours de l'autre

la Cour de Cassation. Aussi nous reste-t-il à donner *in extenso* les lois actuelles qui régissent la navigation intérieure et qui se résument : 1° dans le règlement-type du service des canaux et des rivières navigables ; 2° dans le décret sur les ports du 21 août 1852 ; 3° dans les arrêts de la Cour de cassation qui interprètent, expliquent, clarifient les prescriptions de cette législation particulière, aussi utile au public et au commerce qu'aux divers agents administratifs. Ceux-ci y verront l'étendue de leurs devoirs, ceux-là les limites de leurs droits.

RÈGLEMENT-TYPE

POLICE DES CANAUX

TITRE Ier.

ART. Ier. — Dimension des bateaux, trains ou radeaux.

Aucun bateau, train ou radeau circulant sur un canal ne devra excéder les dimensions (suivant la longueur et la largeur des écluses), qui seront mesurées de dehors en dehors, y compris le chargement, et sans aucune tolérance.

L'enfoncement du bateau au-dessous du plan de flottaison ne devra jamais dépasser la profondeur d'eau sur le fond normal du canal moins $0^m,15$, toute tolérance comprise. Néanmoins, dans des cas exceptionnels, et notamment pendant les sécheresses, cet enfoncement pourra être réduit par un arrêté du

11

préfet. Avis sera donné de cette réduction par voie de publication et d'affiches, et les bateaux circulant sur le canal devront, dès lors, être allégés de telle sorte que leur tirant d'eau n'excède pas la profondeur ainsi fixée.

La hauteur du bord au-dessus du plan de flottaison sera au moins de $0^m,10$. La hauteur du bateau, chargement compris, au-dessus du plan de flottaison, n'excédera pas la hauteur des arches de pont à traverser.

Toutes les fois qu'un bateau, train ou radeau ne satisfera pas aux conditions prescrites par le présent article, le conducteur pourra être tenu de l'arrêter au point qui sera désigné par les agents de la navigation, et il ne pourra le remettre en marche qu'après s'être mis en règle.

ART. II. — Devises.

Les bateaux porteront à la poupe leur dénomination, le nom et le domicile du propriétaire. Les trains ou radeaux porteront aussi sur une planche le nom et le domicile du propriétaire. Les inscriptions seront apparentes, en toutes lettres et en caractères ayant au moins huit centimètres de hauteur. Elles seront peintes ou sur le bordage du bateau ou sur une planche fixée à demeure, de manière à ne pouvoir être déplacée.

ART. III. — Personnel. — Agrès.

Chaque bateau, train ou radeau aura un marinier au moins à bord. Il devra, en outre, être muni de tous ses agrès en bon état, et notamment de plusieurs ancres ou de piquets d'amarre, et des cordages nécessaires.

ART. IV. — Vérification de l'état des bateaux.

Les conducteurs des bateaux devront les soumettre tous les .... ans au moins, et plus souvent s'ils en sont requis, à une vérification ayant pour objet de constater qu'ils sont en état de naviguer; que les échelles prescrites par la loi du 9 juillet 1836 et l'ordonnance du 15 octobre suivant sont en cuivre; qu'elles n'ont subi aucune altération, et que leur point zéro correspond exactement au tirant d'eau à vide. Cette vérification sera faite par les agents et dans les ports désignés à cet effet. En cas d'urgence, la vérification des bateaux en marche pourra être faite sur un point quelconque du canal par l'ingénieur ou par un agent qu'il déléguera spécialement. Tout bateau reconnu en mauvais état sera retenu et ne pourra se remettre en marche qu'après avoir été convenablement réparé.

ART. V. — Pièces dont tout batelier doit être muni.

Tout conducteur de bateau, train ou radeau doit être muni d'une lettre de voiture en bonne forme, d'un laissez-passer délivré par le receveur des droits de navigation. Tout conducteur de bateau doit être, en outre, porteur d'un certificat délivré par l'un des agents commis à la vérification dont il est parlé à l'article précédent, et constatant que son bateau est en état de naviguer. Ces pièces seront représentées à toute réquisition des agents de l'Administration.

ART. VI. — Conditions que doivent remplir les bateaux naviguant de nuit.

Tout bateau naviguant de nuit aura deux mariniers au moins à bord. Il sera éclairé par un fanal fixé à l'avant, dont la lumière s'étende au delà des chevaux de halage. Les mariniers allumeront, en outre, lorsqu'ils en seront requis, un fanal portatif et même deux au pas-

sage des écluses. Les bateaux arrêtés seront
aussi éclairés pendant la nuit par un fanal,
sur la réquisition des agents du canal, lorsque
cette mesure sera jugée nécessaire pour prévenir des accidents.

ART. VII. — Conduite des chevaux de halage.

Les chevaux de halage seront toujours conduits par un charretier, qui, s'il n'est pas à
cheval, devra se tenir à la tête du premier
cheval.

ART. VIII. — Marche simultanée des bateaux.

Les bateaux ne pourront marcher en convois;
ils ne seront ni accouplés ni remorqués. On
pourra néanmoins en attacher deux l'un à la
suite de l'autre, quand il sera possible de le
faire sans augmenter le nombre de chevaux
habituellement employés à la traction d'un
seul bateau. Ne seront pas considérés comme
bateaux accouplés ou doublés les bateaux reliés ensemble de manière à former un système
invariable, qui n'excède, ni en longueur ni en
largeur, les dimensions fixées à l'article 1er.

TITRE II.

ART. Ier. — Classement des bateaux.

Les bateaux sont divisés en cinq classes, savoir :

1re *classe*. Bateaux mus par la vapeur. — 2e *classe*. Bateaux halés par des chevaux marchant au trot avec relais. — 3e *classe*. Bateaux halés par des chevaux marchant au pas avec relais. — 4e *classe*. Bateaux halés par des chevaux sans relais. — 5e *classe*. Bateaux halés par des hommes, et radeaux halés soit par des chevaux, soit par des hommes.

ART. II. — Bateaux à vapeur.

Les bateaux à vapeur ne pourront être établis qu'en vertu d'une autorisation de M. le Ministre des travaux publics et sous les conditions qu'elle aura déterminées. L'acte d'autorisation indiquera notamment le système des appareils propulseurs et la vitesse maximum. Les ingénieurs et les agents qu'ils auront délégués à cet effet pourront monter à bord des bateaux à vapeur pour en constater la vitesse et pour apprécier l'effet que la marche de ces bateaux produit sur les berges du canal.

ART. III. — Service régulier et service ordinaire.

Dans les trois premières classes, la navigation est régulière ou ordinaire. On entend par navigation régulière celle des bateaux qui partent ou arrivent à jour fixe et ne s'arrêtent entre les points extrêmes qu'à des ports déterminés. La navigation ordinaire comprend les autres bateaux et les trains ou radeaux.

ART. IV. — Service régulier.

Les services réguliers ne pourront être établis qu'en vertu d'une autorisation, et conformément aux conditions qu'elle aura prescrites. La demande d'autorisation devra indiquer le nombre de bateaux qu'on se propose d'employer, les lieux et jours de départ et d'arrivée, le mode de traction et les principaux points de stationnement. L'autorisation sera accordée par le préfet, quand les points de départ et d'arrivée seront compris dans un même département, et par le ministre, quand ces points extrêmes seront dans des départements différents.

ART. V.

Les bateaux du service régulier de première et de deuxième classe porteront à l'avant, en caractères apparents, les mots *Service accéléré*. Ils auront au moins deux mariniers à bord. Ils arboreront une flamme rouge. Ils seront, en outre, munis d'une cloche qu'ils devront faire sonner cinq cents mètres avant d'arriver aux écluses et aux ponts mobiles.

ART. VI.

Les bateaux du service régulier de troisième classe porteront à l'avant, en caractères apparents, les mots *Service non accéléré*. Ils arboreront une flamme bleue.

ART. VII.

Lorsqu'un entrepreneur de service régulier aura été condamné deux fois dans le délai d'un an pour infraction aux conditions de l'autorisation qu'il aura obtenue, cette autorisation pourra lui être retirée.

ART. VIII. — Service ordinaire.

Il est défendu de placer sur des bateaux qui n'appartiennent pas à un service régulier tout ou partie des signes distinctifs de ce service.

ART. IX. — Trématage et priorité de passage aux écluses et ponts mobiles.

Les numéros des classes des bateaux règlent l'ordre d'exercice du droit de trématage et du droit de priorité de passage aux écluses et ponts mobiles. A égalité de classe, ce double droit est encore exercé dans l'ordre suivant : les bateaux affectés à un service de voyageurs; les bateaux chargés pour le service de l'Etat et des travaux de la navigation; les bateaux du service régulier portant des marchandises. Dans des circonstances exceptionnelles, certains bateaux pourront encore exercer le trématage en dehors du droit de leur classe ; mais les conducteurs de ces bateaux devront être munis d'autorisations spéciales et individuelles, délivrées par l'ingénieur en chef, et qu'ils seront tenus de représenter à toute réquisition. S'il devait être dérogé à la règle pour un temps déterminé et par mesure générale en faveur des bateaux chargés de certains objet ou marchandises, et notamment de blés et farines, il y sera pourvu par une décision ministérielle. En cas de contestation sur l'application des dispositions du présent article, les conducteurs de bateaux seront tenus de se conformer aux ordres de l'éclusier ou de tout autre agent du canal pour la priorité du passage.

ART. X. — Halage.

Tout bateau chargé de cent tonneaux et au-dessus doit être halé par deux chevaux au moins. Les bateaux d'un tonnage inférieur pourront ne prendre qu'un cheval.

ART. XI.

Quand les bateaux marchant avec relais auront leurs relais à bord, le nombre de chevaux embarqués devra être au moins égal à celui des chevaux à terre.

TITRE III.

ART. Ier. — Navigation de jour et de nuit.

La navigation du canal et le passage aux écluses auront lieu librement le jour et la nuit. Les ingénieurs peuvent néanmoins interdire la

navigation de nuit à l'époque des gelées et des
débâcles, et dans le cas où des avaries surve-
nues soit aux digues, soit aux ouvrages d'art,
feraient craindre quelque danger. Les ingénieurs peuvent aussi rendre la navigation de
nuit obligatoire pour tous les bateaux sans
distinction, lorsque ces bateaux encombrent
les biefs, notamment aux approches et à la
suite des chômages.

ART. II. — Interruption de la navigation.

Hors les cas de force majeure, la navigation
ne pourra être suspendue que par un acte administratif, qui fixera l'époque et la durée des
chômages. Pendant les chômages, les bateaux
pourront circuler à leurs risques et périls dans
les parties du canal qui seront restées en eau.

ART. III. — Rencontre des bateaux, trains ou radeaux.

Tout bateau, train ou radeau allant dans un
sens doit la moitié de la voie d'eau à tout bateau, train ou radeau allant dans un sens contraire. Quand les bateaux qui se rencontrent
sont l'un chargé, l'autre vide, le bateau vide
se range du côté opposé au halage. Si les bateaux qui se rencontrent sont tous deux chargés,

ou vides, le bateau montant se tient du côté
du halage.

ART. IV.

Dans le trématage, le bateau qui cède le passage doit se ranger du côté opposé au halage
et lâcher son trait.

ART. V.

Lorsqu'un bateau, train ou radeau se présentera dans une partie du canal qui n'a pas
une largeur suffisante pour le croisement de
deux bateaux, et dans laquelle un autre équi-
page se trouvera déjà engagé, il sera tenu de
s'arrêter et de se ranger pour laisser passer ce
dernier. Des poteaux indicateurs feront connaître les limites entre lesquelles le croisement
des bateaux ne peut avoir lieu.

ART. VI.

Tout bateau qui s'arrête doit laisser passer
ceux qui le rejoignent jusqu'à ce qu'il se re-
mette lui-même en marche.

ART. VII. — Passages aux écluses et ponts mobiles.

Les éclusiers et pontonniers n'accorderont,
sous aucun prétexte, le passage des écluses et

ponts mobiles aux bateaux, trains et radeaux pour lesquels il ne leur serait pas présenté de laissez-passer délivré ou visé par le receveur du bureau de navigation le plus voisin. Ils pourront, d'ailleurs, s'assurer d'une manière sommaire que ces laissez-passer sont en rapport avec les chargements. En cas de désaccord, ils le constateront par écrit sur le laissez-passer, afin que la fraude puisse être réprimée ou l'erreur corrigée au premier bureau de perception.

ART. VIII.

Avant d'accorder le passage de nuit aux écluses et ponts mobiles, les éclusiers et pontonniers devront s'assurer que les bateaux remplissent les conditions prescrites par l'article 6 du titre I, et qu'ils doivent continuer leur route.

ART. IX.

Sauf les exceptions détaillées à l'article 9 du titre II, les bateaux, trains ou radeaux marchant dans le même sens passeront les écluses et les ponts mobiles dans l'ordre de leur arrivée.

ART . X.

Tout bateau, train ou radeau qui, arrivé près
d'une écluse, ne pourrait passer immédiatement, devra s'arrêter pour attendre son tour
avant le poteau indicateur indiquant la limite
du stationnement.

ART. XI.

Tout bateau, train ou radeau qui, arrivé
près d'une écluse, aurait refusé de se faire
écluser, ne pourra s'opposer à ce qu'un autre
bateau, train ou radeau passe avant lui.

ART. XII.

On profitera, autant que possible, de la
même éclusée pour faire passer deux bateaux
marchant en sens contraire. Les mariniers seront tenus d'exécuter les manœuvres prescrites
dans ce but par les éclusiers.

ART. XIII.

Aux approches des écluses, ponts et ouvrages
d'art, le mouvement des bateaux sera réglé de
manière à prévenir tout choc. Les bateaux seront solidement amarrés à chaque extrémité
pendant qu'on les éclusera ; on les fera ensuite

sortir avec précaution ; en aucun cas, on ne les attachera aux portes. Chaque bateau sera muni de perches pour parer les chocs contre les bajoyers et les portes, et pour aider à la sortie des écluses. Les patrons et mariniers devront d'ailleurs se conformer ponctuellement à tous les ordres qui leur seront donnés par l'éclusier pour les précautions à prendre lors des manœuvres relatives à l'éclusage.

ART. XIV.

Les bateaux, trains ou radeaux ne peuvent rester dans l'écluse que le temps strictement nécessaire pour la manœuvre.

ART. XV.

L'éclusier a seul le droit de manœuvrer les ventelles et les portes d'écluse. Toutefois, il peut être aidé par les mariniers, qui doivent, dans ce cas, se conformer à ses ordres.

TITRE IV. — PASSAGE DES SOUTERRAINS.

(Les prescriptions sous ce titre varient selon l'étendue des souterrains et les particularités de leur construction.)

TITRE V.

ART. Ier. — Stationnement des bateaux.

Les bateaux ne peuvent stationner que dans les ports et dans les parties de canal désignées par les ingénieurs. Le stationnement est dans tous les cas interdit : 1° sur les points où le croisement des bateaux ne peut s'opérer ; 2° à moins d'environ 200 mètres en amont et en aval des écluses.

ART. II.

Les bateaux qui stationnent dans les biefs se placent sur un seul rang, du côté opposé au halage.

ART. III.

Tout bateau en stationnement sera amarré à ses deux extrémités. Il devra être gardé de jour et de nuit.

ART. IV. — Embarquement, débarquement et entrepôt des marchandises.

Il est défendu de charger, décharger et déposer des marchandises ailleurs que dans les ports, à moins d'une permission de l'ingénieur, s'il s'agit d'un seul bateau, ou d'une autorisation de l'ingénieur en chef, s'il s'agit de chargements ou déchargements qui doivent avoir une certaine durée ou une certaine continuité.

ART. V. — Mesures d'ordre dans les ports publics et privés.

Lorsque les ports publics ou privés sont du côté du halage, les bateaux ne peuvent y rester que pendant le temps strictement nécessaire pour leur chargement ou leur déchargement. Aussitôt que ces opérations sont achevées ou pendant les interruptions qu'elles peuvent subir, les bateaux doivent s'amarrer du côté opposé.

ART. VI.

Les mariniers, dans les ports publics, se conformeront au règlement particulier de chaque port.

Il est, d'ailleurs, prescrit d'une manière générale : 1° d'enlever les gouvernails et de les mettre dans les bateaux ou le long du bord ; 2° de ranger les marchandises à terre de manière qu'elles occupent le moins d'espace possible ; 3° de réserver sur le bord du canal un chemin de quatre mètres au moins du côté du halage, et un chemin de deux mètres au moins du côté opposé ; 4° de laisser libres les chemins de service réservés sur chaque port, suivant les indications données par les ingénieurs ou par les inspecteurs et gardes-port.

ART. VII.

Les bateaux en chargement ou en déchargement seront placés à quai, dans les ports publics, de préférence à tous autres.

ART. VIII.

Il ne peut être déposé dans les ports publics que des marchandises arrivées par eau ou destinées à être embarquées.

ART. IX. — Bateaux en réparation.

Les bateaux à réparer devront être placés sur des cales de radoub. Les propriétaires des bateaux pourront néanmoins, quand les circonstances l'exigeront, obtenir des ingénieurs la faculté de réparer leurs bateaux sur d'autres points qui leur seront désignés.

ART. X. — Garage.

Les bateaux sans emploi ou qui attendront

leur chargement, seront garés dans les lieux désignés par les ingénieurs. Les propriétaires de ces bateaux seront tous tenus de faire connaître à l'éclusier ou au garde le nom et la demeure des personnes à qui la garde en sera confiée.

TITRE VI.

ART. Ier. — Interdictions.

Il est défendu : 1° *de jeter* ou *déposer* dans le canal ou sur les dépendances des *immondices, pierres, graviers, bois, paille ou fumiers, ni rien qui puisse en embarrasser et atterrir le lit; d'y planter aucun pieu, d'y mettre rouir du chanvre ou du lin; comme aussi d'extraire des pierres, terres, sables et autres matériaux plus près des bords* que 12 mètres (art. 4 de l'arrêt du 24 juin 1777); 2° de détériorer soit les *digues* ou *ouvrages d'art*, soit les plantations ou récoltes (art. 11 de l'arrêt du 24 juin 1777); 3° de suivre avec des bestiaux ou des chevaux, autres que ceux employés au halage, les levées du canal ou des rigoles, et autres parties des francs-bords qui ne sont pas grevées de servitudes de passage ; 4° d'y laisser pâturer les chevaux ou toute autre espèce de bétail ; 5° d'y chasser ; 6° d'y pêcher autrement qu'à la ligne volante.

ART. II.

Il est défendu aux *mariniers* et autres : *1° d'embarrasser les ports et gares qui leur sont affectés, de laisser vaguer les soupentes de leurs traits de bateaux, de garer leurs bateaux ou radeaux du côté du halage* (art. 8 de l'arrêt du 24 juin 1777), 2° d'amarrer les bateaux, trains ou radeaux sur les banquettes plus près de l'arête du canal que trois mètres ; 3° d'attacher aucun cordage aux arbres plantés sur les banquettes ou les francs-bords, et de tenir les cordages élevés au-dessus des banquettes de manière à gêner ou intercepter le passage ; 4° de se servir de harpons, gaffes, bâtons ferrés et autres engins en usage sur les rivières, qui pourraient endommager les maçonneries, portes d'écluses et autres ouvrages d'art.

ART. III. — Prescriptions.

Les riverains, mariniers ou autres devront faire enlever, dans le plus bref délai possible,

*les pierres, terres, bois, pieux, débris de bateaux
et autres empêchements étant de leur fait ou à
leur charge* dans le lit du canal ou sur les
bords. Faute de quoi, il y sera pourvu à leurs
frais, sans préjudice de l'amende encourue
pour la contravention (article 3 de l'arrêt du
24 juin 1777).

ART. IV. — Autorisations.

Dans les traversées des villes, bourgs et
villages, et dans les ports publics, nul ne
pourra réparer les constructions sises le long
et joignant le canal, ou en élever de nouvelles,
qu'après y avoir été autorisé, et en se conformant aux alignements qui lui seront donnés
par l'administration.

ART. V.

Tout propriétaire qui, en dehors des villes,
bourgs et villages et des ports publics, voudra
élever des constructions ou faire des plantations sur ses terrains le long du canal, ne
pourra commencer lesdites constructions ou
plantations avant que, sur sa demande, le
préfet ait fait reconnaître et tracer contradic-
toirement la limite du domaine public. Aucune

plantation ne pourra, d'ailleurs, conformément à l'art. 671 du Code Napoléon, être faite qu'à une distance de deux mètres de la ligne séparative du domaine public et des propriétés particulières pour les arbres à haute tige, et à la distance d'un demi-mètre pour les autres arbres et les haies vives.

ART. VI.

Nul ne peut circuler, soit à cheval, soit en voiture, sur les digues du canal, qu'en vertu d'une autorisation de l'ingénieur en chef, qui ne pourra être accordée que dans l'intérêt d'un service public. Les employés à cheval des contributions indirectes et des douanes, dans l'exercice de leurs fonctions, sont seuls dispensés de cette autorisation.

ART. VII.

Ne pourront être établis qu'en vertu d'une autorisation, toujours révocable, de l'Administration, et sous les conditions qu'elle aura déterminées : 1° les ouvertures ou sorties sur les digues et francs-bords du canal ou des rigoles ; 2° les lavoirs ou abreuvoirs ; 3° les prises d'eau sur le canal ; 4° les égouts dirigés vers

le canal ; 5° les ports privés ; 6° les grues, chè-
vres et autres appareils pour l'embarquement
et le débarquement des marchandises ; 7° et
tous autres ouvrages qui s'étendraient sur le
domaine du canal.

ART. VIII.

Les particuliers peuvent sur le rapport des
ingénieurs, et l'administration des contributions indirectes entendue, obtenir l'autorisation, sous des conditions déterminées, d'avoir
des barques pour leur usage et pour l'exploitation de leurs propriétés ; mais il leur est interdit, sous les peines de droit, d'appliquer
ces barques au transport des passagers d'une
rive à l'autre avec ou sans rétribution. Ces
barques devront, d'ailleurs, être toujours
garées de manière à ne gêner ni la navigation
ni le halage.

ART. IX.

Toutes avaries faites aux ouvrages d'art,
toutes dégradations des digues et talus seront
réparées aux frais de l'auteur desdites avaries
ou dégradations, sans préjudice des peines encourues.

ART. X.

Lorsqu'un bateau, train ou radeau vient à couler à fond, le propriétaire ou patron est tenu de faire, dans le délai qui lui est prescrit par l'agent du canal le plus voisin, les dispositions nécessaires pour le retirer ou le remettre à flot. Faute par lui d'avoir satisfait à cette obligation dans le délai fixé, il y sera pourvu à ses frais par l'agent du canal. Ce dernier fera, d'ailleurs, prévenir sur-le-champ l'ingénieur, et constatera dans un procès-verbal la cause du naufrage, le retard qui en sera résulté pour la navigation, et les dépenses qui auraient pu être faites d'office.

ART. XI.

Tout bateau, train ou radeau abandonné, ou amarré du côté du halage, sans patron ni gardien, sera conduit, par les soins du premier agent de la navigation qui en constatera l'abandon, dans un lieu où il ne gêne pas la navigation. Cet agent dressera procès-verbal, et préposera un homme à la garde dudit bateau, train ou radeau. Les dépenses faites par application du présent article seront à la charge du propriétaire.

TITRE VII.

ART. Ier. — Procès-verbaux de contraventions et délits.

Toutes les infractions au présent règlement et tous autres délits ou contraventions prévus par les anciennes lois et ordonnances seront constatés par procès-verbaux des agents du canal et autres ayant qualité pour verbaliser.

ART. II. — Juridictions.

Les procès-verbaux constatant des contraventions de grande voirie seront déférés au conseil de préfecture.

Les procès-verbaux constatant des contraventions aux dispositions du présent règlement qui ne rentrent dans aucun des cas prévus par les anciennes lois et ordonnances seront déférés aux tribunaux de simple police.

Les procès-verbaux constatant des insultes et mauvais traitements envers les agents de l'Administration dans l'exercice de leurs fonctions, et, en général, des délits qui peuvent entraîner une peine corporelle, seront déférés aux tribunaux de police correctionnelle.

Les procès-verbaux constatant à la fois, et des contraventions prévues aux paragraphes 1er et 2 du présent article, et des délits spécifiés au paragraphe 3, seront déférés en même temps à chacun des tribunaux compétents, et, à cet effet, dressés en autant d'expéditions qu'il y aura de juridictions appelées à en connaître.

ART. III. — Exécution d'office et cautions.

Lorsqu'une exécution d'office aura eu lieu, l'état des frais, vérifié et arrêté par les ingénieurs, sera transmis au préfet, qui délivrera exécutoire du remboursement contre les contrevenants. Les marchandises et les bateaux seront d'ailleurs retenus jusqu'à présentation d'une caution solvable, qui sera chargée d'effectuer ledit remboursement.

DÉCRET

CONCERNANT LE SERVICE DES PORTS

SUR

LES VOIES NAVIGABLES OU FLOTTABLES

DU BASSIN DE LA SEINE.

LOUIS-NAPOLÉON,

Président de la République française,

Sur le rapport du Ministre des travaux publics,

Vu l'ordonnance du mois de décembre 1672 et la loi du 28 juillet 1824 ;

Vu l'édit du mois d'avril 1704, l'arrêt du Conseil du 3 juin suivant, et les lettres patentes du 17 du même mois ;

Vu le règlement du 17 février 1784 ;

Vu l'arrêté du Directoir exécutif du 26 nivôse an V ;

Vu l'arrêté du Gouvernement du 3 nivôse an VII ;

Vu l'arrêté du 6 thermidor an IX ,

Décrète :

TITRE PREMIER.

DISPOSITIONS GÉNÉRALES.

ART. Iᵉʳ.

Sont désignés sous le nom de *ports*, dans le bassin de la Seine, les emplacements situés à proximité des rivières et canaux, qui servent habituellement ou accidentellement d'entrepôts pour les bois à brûler, les bois à ouvrer et les charbons de bois, ainsi que les lieux où s'effectuent la construction et le tirage des trains, le chargement et le déchargement des bateaux employés au transport desdites marchandises.

Les emplacements où s'opèrent le dépôt, l'embarquement ou le débarquement des marchandises autres que celles désignées dans le précédent paragraphe ne sont réputés ports, et, comme tels, soumis à la surveillance des agents des ports qu'en vertu de décisions de l'administration supérieure rendues après enquête.

Il est fait toute réserve, au profit des marchands de bois, des dispositions de l'article 14, chapitre xvii, de l'ordonnance de 1672, confirmées par la loi du 28 juillet 1824.

ART. II.

La police des ports, sur les rivières navigables ou flottables du bassin de la Seine, est exercée par les gardes-ports.

Sur les canaux ou parties de canaux appartenant au même bassin, il ne sera institué de gardes-ports que pour les ports affectés principalement au commerce des bois ou des charbons de bois.

Les gardes-ports sont placés sous les ordres d'inspecteurs des ports. Les uns et les autres exercent leur surveillance, pour tout ce qui concerne la police des ports, sous la direction des ingénieurs chargés du service de la navigation, et pour ce qui concerne les opérations

12.

commerciales, sous la direction d'un inspecteur principal.

ART. III.

Les gardes-ports font exécuter, dans l'étendue des ports, toutes les mesures de police
concernant le dépôt et le rangement des marchandises, l'amarrage, le garage, le tirant d'eau
des bateaux et des trains, et le temps qu'ils
doivent rester à quai.

Ils désignent, d'accord avec les agents des
compagnies du commerce de bois et charbons,
les endroits où des feux peuvent être allumés
par les ouvriers, et prescrivent les précautions
à prendre.

ART. IV.

Dans l'étendue des ports, les zones réservées pour le halage, au bord des rivières
navigables ou flottables, auront toujours la
largeur nécessaire aux besoins de la navigation.

ART. V.

Les voies charretières destinées au service
des ports doivent toujours être maintenues
libres, ainsi que les ruelles réservées entre les

dépôts de marchandises. La largeur desdites ruelles ne sera pas moindre que 65 centimètres.

ART. VI.

Les travaux sur les ports ne commencent qu'au lever et doivent finir au coucher du soleil.

Il est défendu de s'introduire dans les ports pendant la nuit.

ART. VII.

Aucune marchandise ne doit être déchargée sur les ports sans que, au préalable, il en ait été fait la déclaration au garde-port, qui désigne le lieu où elle peut être déposée.

ART. VIII.

Il peut être dérogé aux dispositions des articles 4, 5, 6 et 7, dans les cas de nécessité, et notamment sur les ports flottables en trains.

ART. IX.

Toutes les marchandises qu'il est d'usage de marquer doivent recevoir, avant d'être déposées sur les ports, la marque de ceux pour le compte de qui elles y sont amenées.

ART. X.

Les gardes-ports sont chargés de veiller sans discontinuation à la conservation des marchandises déposées sur les ports.

Ils règlent la consommation du combustible nécessaire à l'entretien des feux allumés par les ouvriers.

Lorsqu'ils jugent que les marchandises courent le risque d'être entraînées par des débordements ou les glaces, ils en donnent immédiatement avis à l'inspecteur des ports ainsi qu'aux propriétaires ; en cas d'urgence, ils prennent d'office, aux frais de ces derniers, toutes les mesures nécessaires de conservation ou de sauvetage.

Ils empêchent qu'on n'exécute sur les ports, sans l'autorisation de l'inspecteur, aucune opération qui aurait pour résultat de transformer ou dénaturer la marchandise.

ART. XI.

Les gardes-ports recherchent et constatent, au moyen de procès-verbaux, les délits et contraventions commis sur les ports.

Conformément à l'arrêté du Gouvernement

du 26 nivôse an V, ils font la recherche des bois volés sur les ports, et procèdent, au besoin, à des perquisitions, en se conformant aux lois existantes.

Ils peuvent être déclarés responsables des délits commis sur les ports, et passibles des amendes et indemnités encourues par les délinquants, lorsqu'ils n'ont pas dûment constaté les délits.

Ils peuvent également être déclarés responsables des erreurs, pertes et avaries qui seraient le résultat de leur négligence.

ART. XII.

Les travaux de main-d'œuvre que nécessitent les marchandises déposées sur les ports s'exécutent aux frais des marchands, sous la surveillance de leurs agents, par leurs ouvriers, et sous le contrôle des gardes-ports et des inspecteurs des ports.

Ces gardes et inspecteurs renvoient, s'il y a lieu, des ateliers, tout ouvrier, marinier, flotteur ou voiturier qui refuse de se conformer aux ordres donnés dans l'intérêt du service. Ils informent immédiatement de ce renvoi les propriétaires ou marchands intéressés.

TITRE II.

ARRIVÉE, RANGEMENT, MESURAGE, COMPTAGE ET ENLÈVEMENT DES MARCHANDISES.

ART. XIII.

Les marchandises reçoivent, au fur et à mesure de leur arrivée sur les ports, un rangement provisoire.

L'emmétrage, l'empilage ou le rangement régulier ont lieu dans le délai de quinze jours au plus, à partir de la date du dépôt, pour les marchandises qui seraient de nature à être avariées par suite d'un plus long retard dans l'accomplissement de ces opérations, ou qui pourraient causer de l'encombrement sur le port. Ce délai ne dépasse pas un mois pour les autres marchandises, à moins de circonstances exceptionnelles, comme il en peut exister notamment pour les bois à brûler dits *bois de flot*.

A défaut par les intéressés de se conformer à ces prescriptions, le garde-port exécute d'office, et à leurs frais, les opérations dont il s'agit.

ART. XIV.

Toutes les marchandises sont emmétrées, empilées ou rangées régulièrement et loyalement selon le mode adopté pour chaque espèce, et sous la surveillance du garde-port.

ART. XV.

Les bois à brûler, en bûches de $1^m,14$ de longueur, sont emmétrés en piles hautes ou en piles basses. Les premières ont 3 mètres de hauteur, et les autres, $1^m,50$, conformément à l'arrêté du 3 nivôse an VII.

Il est défendu d'introduire dans les piles des bûches défectueuses. Sont déclarées défectueuses : 1° les bûches cambrées de telle sorte que si l'on tire une ligne droite d'une extrémité à l'autre, il se trouve, du milieu de la courbe à la corde, une flèche de 15 à 20 centimètres; 2° celles qui présentent deux courbures dont les flèches réunies donnent également 15 à 20 centimètres; 3° les bûches ayant une extrémité vulgairement appelée *tête de loup*; 4° celles qui sont creuses ou pourries; enfin celles qui n'ont pas la longueur voulue par les règlements.

ART. XVI.

Les bois de sciage, le merrain, les lattes, les échalas, et généralement tous les bois à ouvrer susceptibles d'empilage, sont emmétrés par espèces et échantillons, le rebut séparé du bon bois.

ART. XVII.

Aussitôt après l'emmétrage, l'empilage ou le rangement régulier, le garde-port doit procéder au mesurage ou comptage, et marquer chaque pile ou lot d'un numéro d'ordre à la suite duquel il inscrit la contenance.

Quant à la charpente, le numéro d'ordre et la contenance sont indiqués sur chacun des morceaux, au fur et à mesure des arrivages.

Lors de l'arrivée des charbons de bois, le garde-port vérifie avec soin le nombre des sacs, et il en mesure, s'il y a lieu, le contenu au moyen du double hectolitre. Si les charbons sont avariés ou mélangés, dans une trop grande proportion, de braise, fumerons ou poussier, il les fait verser à terre pour le compte de qui de droit, et en donne avis aux intéressés.

ART. XVIII.

Lorsqu'il y a vente ou cession de marchandises déposées sur les ports, le vendeur ou cédant est tenu d'en donner avis par écrit au garde-port, de lui indiquer le nom du nouveau propriétaire, et de désigner les marchandises vendues ou cédées, ainsi que les numéros des piles ou lots.

ART. XIX.

Il ne doit être enlevé des ports aucune marchandise sans que, au préalable, le voiturier, flotteur ou marinier chargé d'effectuer l'enlèvement, ait remis au garde-port un ordre écrit du propriétaire ou de son préposé.

ART. XX.

Le garde-port indique, s'il y a lieu, l'ordre dans lequel on doit procéder à l'enlèvement des marchandises, et les endroits où doit s'effectuer l'embarquement ou la mise en trains; il prescrit les dispositions nécessaires pour prévenir tous embarras sur le port.

Il surveille le chargement des bateaux et la confection des trains, et fait prendre toutes précautions pour que la marchandise n'ait pas à souffrir dans le cours de ces opérations. Il veille particulièrement à ce qu'on évite le bris du charbon, lorsqu'on en fait le versement dans le bateau.

ART. XXI.

S'il reste sur la rive, après le chargement ou le flottage, quelques marchandises qui n'aient pu être embarquées, les mariniers ou les flotteurs sont tenus, avant leur départ, de les replacer sur le port aux endroits qui leur sont désignés par le garde-port. A défaut par eux de faire ce travail, cet agent le fait exécuter immédiatement à leurs frais.

ART. XXII.

Lorsque la saison des embarquements est écoulée, et qu'il reste sur un port des lots de marchandises entamés pour les chargements, mais qui n'ont pu être enlevés en totalité, les propriétaires ou marchands doivent les faire réunir ou rapprocher; sinon le garde-port fait exécuter l'opération à leurs frais. Cette opération, du reste, n'a lieu qu'autant que l'inspecteur des ports l'a jugée nécessaire.

En ce qui concerne les bois à brûler, les

marchands et propriétaires ont toujours le droit, après la saison des flottages, de faire remanier les piles et réunir, suivant leurs différentes qualités, les lots qui leur appartiennent, le tout sous la surveillance du garde-port.

TITRE III.

COMPTABILITÉ DES PORTS.

ART. XXIII.

Les gardes-ports constatent, au moyen d'une comptabilité spéciale : 1° l'arrivée et le départ des marchandises ; 2° les ventes et les achats dont elles sont l'objet pendant leur séjour sur les ports.

Ils tiennent à cet effet :

Un registre à souche d'où sont détachés les billets de port ;

Un carnet de poche ;

Un livre journal ;

Un grand livre.

ART. XXIV.

Ils mentionnent sur un registre spécial les travaux qu'ils font exécuter d'office.

Il leur est interdit d'inscrire sur ce registre, de même que sur le livre-journal et le grand-livre, leurs comptes personnels.

ART. XXV.

Les livres, carnets et registres mentionnés dans les deux articles précédents, sont cotés et parafés par l'inspecteur des ports ; conformément aux dispositions de l'article 16 de la loi du 13 brumaire an VII, ils sont exceptés du droit et de la formalité du timbre.

ART. XXVI.

Pour faciliter le règlement des indemnités dues pour l'occupation des terrains, les gardes-ports dressent des états indiquant : 1° les quantités de marchandises déposées sur les ports pour le compte de chaque marchand ; 2° la superficie des terrains qu'elles occupent ; 3° la durée de l'occupation.

Ils remettent copie de ces états, dûment certifiée, tant aux propriétaires ou fermiers des terrains, qu'aux propriétaires des marchandises.

ART. XXVII.

Les billets de port sont délivrés aux voituriers au fur et à mesure des arrivages. Ils indiquent la nature, la provenance et la qualité des marchandises, le nom du propriétaire qui les a fait amener et celui du voiturier.

Après le mesurage ou le comptage définitif, il est délivré aux voituriers un billet de port complémentaire, pour la différence qui peut exister entre le résultat de cette opération et la quantité constatée lors de l'arrivée. Il est en outre envoyé au propriétaire de la marchandise un état récapitulatif des quantités amenées à port.

ART. XXVIII.

Le carnet est tenu sur le terrain; les opérations y sont consignées au moment même où elles s'accomplissent, et sont ensuite inscrites au livre-journal, jour par jour, sans lacunes ni surcharges.

ART. XXIX.

Les mutations qui surviennent dans la propriété des marchandises sont mentionnées au carnet et au livre-journal avec leur date et celle des avis donnés au garde-port.

ART. XXX.

Il est ouvert au grand-livre, pour chacun de ceux qui possèdent des marchandises sur les ports, un compte par *entrée* et *sortie*, où sont consignés les résultats des écritures passées au livre-journal.

Chaque intéressé, ou son représentant, peut toujours prendre communication de son compte personnel.

ART. XXXI.

Avant le départ des marchandises, les gardes-ports délivrent aux bateliers ou flotteurs des lettres de voiture, sur la demande des intéressés.

Lorsqu'il s'agit de bois à ouvrer, ils dressent, pour l'envoyer au propriétaire de ces bois, un inventaire présentant les numéros et le métré des morceaux contenus dans chaque coupon, part ou bateau.

ART. XXXII.

Ils fournissent à l'inspecteur des ports, au commencement de chaque mois, l'état sommaire des arrivages et des enlèvements qui ont eu lieu dans le cours du mois précédent;

à la fin de chaque année, l'inventaire des marchandises restant sur les ports.

ART. XXXIII.

Les états, livres, registres et carnet, dont la tenue est prescrite aux gardes-ports, doivent être dressés conformément aux modèles qui seront arrêtés par l'Administration supérieure, sur la proposition de l'inspecteur principal.

La dépense nécessaire pour l'achat des registres et des instruments de mesurage, et pour les imprimés relatifs au service des gardes-ports est à la cha ge de ces agents, chacun en ce qui le concerne.

TITRE IV.

DISPOSITIONS PARTICULIÈRES AUX GARDES-PORTS.

ART. XXXIV.

Il faut, pour être nommé garde-port :

1º Être âgé de vingt et un ans accomplis, et n'avoir pas plus de cinquante ans;

2º Produire un certificat de moralité;

3º Posséder une écriture régulière, con-

naître les quatre opérations fondamentales de
l'arithmétique, être en état de faire des mé-
trés, soit en superficie, soit en volume, et justifier des connaissances pratiques qu'exigent
le service et la comptabilité des ports.

ART. XXXV.

Les gardes-ports sont nommés et commissionnés par le ministre des travaux publics.
Ils sont choisis sur une liste double de candidats présentés de concert par les syndicats
réunis des commerces de bois à brûler, bois à
ouvrer et charbon de bois du département de
la Seine, et par les syndicats du commerce
des départements intéressés aux nominations
à faire.

A défaut de syndicats constitués, les intérêts du commerce des départements sont repré-
sentés :

Pour les ports de l'Oise, l'Aisne et l'Ourcq,
par le tribunal de commerce de Compiègne ;

Pour les ports de la Marne, du canal latéral
à la Marne et du Grand-Morin, par le tribunal
de commerce de Château-Thierry ;

Pour les ports de la Seine, depuis Bray-sur-

Seine jusqu'à Choisy, par le tribunal de commerce séant à Montereau ;

Pour les ports de la Haute-Seine, du canal de la Haute-Seine et de l'Aube, par le tribunal de commerce de Troyes ;

Pour les ports des canaux de Briare, d'Orléans et du Loing, par le tribunal de commerce de Montargis ;

Pour les ports de l'Yonne, depuis Montereau jusqu'à Cravant, et pour ceux du canal de la Bourgogne (versant de la Seine), par le tribunal de commerce de Joigny.

ART. XXXVI.

Il est défendu aux gardes-ports de s'absenter sans l'autorisation de l'inspecteur des ports.

En cas de congé ou de maladie, ils sont tenus d'avoir, pour faire leur service, des remplaçants agréés par l'inspecteur.

En cas de suspension d'emploi, de révocation ou décès, l'intérimaire est désigné par l'inspecteur principal.

ART. XXXVII.

Il est interdit aux gardes-ports d'exercer d'autres fonctions salariées, de tenir auberge, et généralement de commercer. L'inspecteur principal statue sur les exceptions d'après l'avis de l'inspecteur, et après avoir consulté les syndics des compagnies.

ART. XXXVIII.

Il est également interdit aux gardes-ports de s'approprier ou d'employer à leur usage aucuns restes, débris ou rebuts de marchandises, laissés sur les ports.

TITRE V.

DISPOSITIONS PARTICULIÈRES AUX INSPECTEURS DES PORTS.

ART. XXXIX.

Les jurés-compteurs, institués par les anciens règlements pour surveiller et contrôler le service des gardes-ports, prendront le titre d'inspecteurs des ports.

ART. XL.

Il faut, pour être nommé inspecteur des ports, être âgé de vingt-cinq ans et avoir exercé les fonctions de garde-port pendant trois ans au moins.

ART. XLI.

Les inspecteurs des ports sont nommés et commissionnés par le ministre des travaux publics. Ils sont choisis sur une liste triple de candidats présentés comme il est dit en l'article 35.

ART. XLII.

Les inspecteurs visitent aussi souvent que possible, surtout aux époques des arrivages et des embarquements, les ports compris dans leurs circonscriptions.

Ils frappent d'un marteau, dont l'empreinte est déterminée par l'Administration, les piles de bois à brûler par eux reconnues en état conformément aux dispositions du présent règlement. Les intéressés peuvent, en cas de retard, demander l'application dudit marteau.

Ils veillent à l'exécution de toutes les dispositions relatives à la police des ports.

Ils s'assurent que toutes les règles prescrites pour le dépôt, le rangement et l'enlèvement des marchandises sont exactement observées, et ils ordonnent toutes mesures ayant pour objet d'empêcher que les marchandises ne soient avariées pendant leur séjour sur les ports.

Toutes les fois que des débordements ou des débâcles sont à craindre, ils avertissent à l'avance les gardes-ports et recommandent à ces agents de prendre, d'accord avec les agents des compagnies, s'il en existe sur les lieux, les précautions nécessaires.

ART. XLIII.

Les inspecteurs des ports veillent à ce que les gardes-ports délivrent les états destinés à faciliter le règlement des indemnités dues pour l'occupation des terrains; ils interviennent au besoin pour la solution des difficultés qui peuvent s'élever à ce sujet.

ART. XLIV.

Ils examinent et vérifient avec soin la comptabilité des ports; ils s'assurent que les billets de ports sont délivrés aux voituriers, que le carnet et le livre-journal sont toujours tenus au courant, et que tous les articles du livre-journal sont reportés au grand-livre.

ART. XLV.

Dans chacune de leurs tournées, ils apposent leur visa, dûment daté, sur le livre-journal et les autres registres.

ART. XLVI.

Les inspecteurs des ports adressent à l'inspecteur principal, au commencement de chaque trimestre, l'état des mouvements qui ont eu lieu sur les ports dans le cours du trimestre précédent. Ils joignent à cet envoi un rapport détaillé, dans lequel ils rendent compte de leurs tournées et fournissent des notes sur le service de chaque garde-port.

ART. XLVII.

A la fin de chaque année, ils adressent, tant à l'ingénieur en chef qu'à l'inspecteur principal, l'état récapitulatif des mouvements de l'année entière, et l'état du personnel placé sous leurs ordres. Ce dernier état indique le produit de chaque emploi pendant l'année qui vient de s'accomplir.

ART. XLVIII.

Ils tiennent : 1° un registre où sont reproduits textuellement leurs lettres et rapports concernant le service ; 2° un autre registre où ils inscrivent les mouvements de marchandises que leur signalent mensuellement les gardes-ports.

ART. XLIX.

Les inspecteurs des ports ne doivent pas s'absenter sans l'autorisation de l'inspecteur principal. En cas de congé ou de maladie, leur service est confié, s'il y a lieu, à l'un des gardes-ports de l'arrondissement, désigné par cet inspecteur.

ART .L.

Il leur est absolument interdit de commercer et d'exercer toute autre fonction salariée.

TITRE VI.

DISPOSITIONS COMMUNES AUX GARDES-PORTS ET INSPECTEURS DES PORTS.

ART. LI.

Les gardes-ports et les inspecteurs des ports ne peuvent entrer en exercice qu'après avoir prêté serment devant le tribunal de première instance du lieu de leur résidence, et avoir fait enregistrer leur commission et l'acte de prestation de leur serment au greffe du même tribunal.

ART. LII.

Ils écrivent eux-mêmes leurs procès-verbaux ; ils les signent et les affirment au plus tard le lendemain de la clôture desdits procès-verbaux, par-devant le juge de paix ou l'un de ses suppléants, ou par-devant le maire ou l'adjoint, soit de la commune de leur résidence, soit de celle où le délit a été commis ou constaté.

Les procès-verbaux sont enregistrés dans les quatre jours qui suivent celui de l'affirmation. Ceux qui concernent la police des ports sont adressés par l'inspecteur à l'ingénieur en chef ; les autres sont transmis au ministère public par le juge de paix ou par le maire qui a reçu l'affirmation. L'inspecteur des ports donne avis aux commerçants intéressés des faits qui sont déférés au ministère public.

ART. LIII.

Les gardes-ports et les inspecteurs des ports peuvent être choisis pour arbitres, lorsqu'il s'élève des difficultés entre les intéressés.

ART. LIV.

Les gardes-ports opèrent, dans leurs cantonnements respectifs, l'encaissement des rétributions dues en vertu du titre VIII du présent décret. Ils délivrent aux marchands ou à leurs délégués, pour constater le payement desdites rétributions, des quittances détachées d'un registre à souche et dont la forme est déterminée par des instructions spéciales.

ART. LV.

En cas de refus, de la part des marchands ou de leurs représentants, d'acquitter les rétributions portées au tarif, le garde-port dresse un procès-verbal auquel il est donné suite, s'il y a lieu, après qu'il en a été référé à l'inspecteur principal.

ART. LVI.

Le montant des rétributions est partagé entre les agents des ports ainsi qu'il suit :

4/5 appartiennent au garde-port ;

1/5 appartient à l'inspecteur des ports.

ART. LVII.

Les comptes entre les inspecteurs des ports et les gardes-ports sont réglés, autant que possible, à la fin de chaque trimestre, et, au plus tard, à la fin de l'année.

TITRE VII.

DE L'INSPECTEUR PRINCIPAL DES PORTS.

ART. LVIII.

L'inspecteur principal est nommé directement par le ministre des travaux publics parmi les inspecteurs des ports; son traitement est imputé sur les fonds du Trésor, et sa résidence est fixée par le ministre.

ART. LIX.

Il fait des tournées sur les ports, surveille l'ensemble du service, et s'assure notamment que la comptabilité des gardes-ports et des inspecteurs est bien tenue.

Il adresse aux agents des ports toutes les instructions et soumet à l'Administration supérieure toutes les propositions nécessaires.

Il est en rapport avec les représentants du commerce pour tout ce qui intéresse le service.

Il reçoit toutes les réclamations relatives à la gestion des agents des ports, et intervient dans toutes les difficultés qui peuvent s'élever, soit pour la perception des rétributions allouées à ces agents, soit pour le règlement des indemnités dues à raison de l'occupation des terrains.

ART. LX.

L'inspecteur principal adresse à l'administration supérieure :

Tous les trois mois, un état récapitulatif des mouvements qui ont eu lieu sur les ports dans le cours du trimestre.

A la fin de chaque année : 1° le tableau récapitulatif des mouvements de l'année entière ; 2° les états du personnel fournis par les inspecteurs, et auxquels il ajoute des notes sur la manière dont chaque agent fait son service.

Il transmet aux représentants du commerce, chacun en ce qui le concerne, une copie des états du personnel ; il joint à ces pièces telles observations et annotations qu'il juge convenables.

TITRE VIII.

RÉMUNÉRATION DES SERVICES RENDUS
PAR LES AGENTS DES PORTS.

ART. LXI.

Les agents des ports ont droit, à raison du
service de serveillance et de comptabilité dont
ils sont chargés dans l'intérêt du commerce,
aux rétributions fixées par le tarif ci-après.

TARIF des rétributions allouées aux agents des ports.

DÉSIGNATION DES MARCHANDISES.	QUANTITÉS prises pour base de la fixation des rétributions.	RÉTRIBUTIONS		TOT[...] de[...] rétri[...]tio[...]
		à l'arrivage.	à l'enlèvement.	
		fr. c.	fr. c.	fr. .
I. Bois a brûler :				
Bois en bûches ; souches......................	Le décastère (A)....	0 32	0 32	0 0
Cotrets et fagots. Cotrets de 0 m 65 de longueur ; fagots.	Le mille............	0 50	0 44	0 9
Falourdes et cotrets d'une longueur de 1 mètre et au delà...........	Le mille...........	0 80	0 70	1 [...]
Bourrées, margotins et autres menus bois	Le mille...........	0 26	0 24	0 [...]
2. Charbons de bois.................	Les cent hectol. (B).	1 10	1 10	2 [...]
3. Bois a ouvrer :				
Bois en grume (circonférence réduite de 1/6) ; charpente ; sciages................	Les cent décist. (C)..	2 50	2 50	5 [...]
4. Bois divers :				
Merrain..	Le millier (D).....	1 10	1 10	2 [...]
Cerceaux..	Le millier...	0 24	0 16	0 0
Grands cerceaux à cuve........................	Le cent............	0 90	0 60	1 [...]
Futailles.	Le cent............	0 25	0 25	0 0
Lattes ; échalas ; osier ; écorce à tan, de toutes dimensions................	Les cent bottes.....	0 30	0 24	0 0
5. Marchandises diverses :				
Houille et coke...............................	Les mille kilogr.....	0 025	0 025	0 0
Pavés...	Le mille...........	0 25	0 25	0 0
Chaux ; plâtre ; pierre à chaux ; pierre à plâtre ; pierre à bâtir....................	Les cent métr. cub..	0 50	0 50	1 1
Briques ; tuiles ; carreaux (de terre cuite, marbre ou pierre).........................	Le mill	0 10	0 10	0 0

(A) A raison des dispositions précédemment adoptées en ce qui concerne les rétributions allouées, sur les bois de flot, aux agents des ports de la haute Yonne, de la Cure et des rivières de Beuvron et Sozay, ces agents ne recevront :

> Sur les bois de flot de la haute Yonne et de la Cure, que la moitié des rétributions portées au tarif ci-contre ;
> Sur les bois de flot du Beuvron et du Sozay, que le tiers desdites rétributions (1).

(B) Conformément à l'article 63 du décret, les charbons qui seront déchargés directement de la voiture dans le bateau ne paieront que la moitié des rétributions portées ci-contre.

(C) Sont considérés comme équivalant à cent décistères, savoir :

Sciages de chêne.	300 mètres linéaires de battant (gros).
	550 .... de battant (petit).
	550 .... de doublette.
	900 .... de membrure.
	1,200 .... de planche de 0 m. 034 à 0 m. 047 d'épaisseur.
	1,600 .... d'entrevous et chevron.
	2,800 .... de feuillet.
Sciage de hêtre..	100 .... d'étaux (grands).
	200 .... d'étaux (petits).
	400 .... de doublette et battant.
	650 .... de membrure.
	800 .... de planche et quartelot.
	1,300 .... d'entrevous, feuillet et chevron.
Sciages de bois blanc.	750 .... de quartelot.
	1,500 .... de planche.
	2,600 .... de volige ordinaire.
	6,000 .... de volige à ardoise.
Sciages de sapin.	530 .... de madrier.
	1,000 .... de planche large, de 0 m 034 d'ép.
	1,300 .... de — de 0 m 027 —
	1,700 .... de planche étroite, de 0 m 027 —

(D) Le nombre des morceaux de merrain composant le millier varie selon les localités.

(1) Une décision ministérielle d'avril 1861 élève ces dernières rétributions au même taux que celles dues pour les bois de flot de la Haute-Yonne et de la Cure.

ART. LXII.

Les rétributions dues à l'arrivage sont payées par celui qui a fait amener la marchandise sur le port. Sous la réserve de ce qui est établi par les usages locaux, ces rétributions sont exigibles dès que la marchandise a reçu un emmétrage ou rangement régulier.

Les rétributions dues à l'enlèvement sont à la charge de celui pour le compte de qui l'enlèvement s'effectue; elles sont exigibles au moment du départ de la marchandise.

ART. LXIII.

Ne payeront que la moitié des rétributions portées au tarif :

1° Les charbons de bois déchargés directement de la voiture dans le bateau ;

2° Les bois à brûler déposés provisoirement sur les ports pour être enlevés sans avoir été mis en état ;

3° Les bois neufs amenés en bateau sur les ports de la haute Yonne situés depuis Armes jusqu'à Lucy, inclusivement.

ART. LXIV.

Les marchandises comprises au tarif sous

le titre de *Marchandises diverses* ne payeront également que la moitié des rétributions, quand elles seront déchargées directement de la voiture dans le bateau.

Lorsque ces mêmes marchandises diverses seront déposées, chargées ou embarquées ailleurs que sur les ports mentionnés dans l'article 1er, elles ne devront aucune rétribution, à moins que l'intervention du garde-port n'ait été réclamée, auquel cas elles payeront les remises portées au tarif.

ART. LXV.

Les marchandises non désignées au tarif ne devront des rétributions qu'autant que l'intervention du garde-port aura été réclamée par les commerçants intéressés, et, dans ce cas, la rémunération dudit agent sera réglée de gré à gré.

ART. LXVI.

Indépendamment des rétributions portées au tarif, les agents des ports ont droit : 1° au remboursement des sommes par eux avancées pour les travaux de main-d'œuvre qu'ils auraient fait exécuter d'office ou dont l'exécution leur aurait été confiée par les marchands;

2° à une rémunération particulière, réglée de gré à gré, pour tout service de surveillance ou de comptabilité non spécifié au présent décret, et qui leur aurait été demandé dans un intérêt privé.

TITRE IX.

DISPOSITIONS DIVERSES.

ART. LXVII.

Les dispositions du présent décret sont applicables aux agents des ports établis ou à établir en dehors du bassin de la Seine. Toutefois, sur les ports situés au delà des limites de ce bassin, l'intervention de ces agents est facultative pour le commerce.

ART. LXVIII.

Les agents des ports exerçant en dehors du bassin de la Seine sont placés sous la surveillance de l'inspecteur principal.

Les listes de candidats pour ces emplois seront présentées de concert par les syndicats réunis du commerce de bois et charbon de bois de Paris, et par les syndicats du commerce des départements intéressés aux nominations à faire. A défaut de syndicats constitués, le commerce des départements sera représenté par les tribunaux de commerce des localités intéressées.

ART. LXIX.

Le présent décret sera constamment affiché dans les bureaux des gardes-ports et des inspecteurs.

ART. LXX,

Le ministre des travaux publics est chargé de l'exécution du présent décret, qui sera inséré au Bulletin des lois.

Fait au palais des Tuileries, le 21 août 1852.

Signé : Louis NAPOLÉON.

Par le Président de la République :

Le Ministre des travaux publics,

Signé : P. MAGNE.

ARRÈT DE LA COUR DE CASSATION

du 11 août 1856.

CHAMBRE DES REQUÊTES

La Cour de cassation a rendu l'arrêt suivant sur le pourvoi et mémoire ampliatif dont suit la teneur : Pourvoi pour Théodore Aviat, garde-port, demeurant à Plancy, demandeur, contre le sieur Gombault, marchand de bois, demeurant aussi à Plancy, défendeur éventuel. Le sieur Aviat a déféré à la Cour de cassation un jugement rendu le 15 novembre 1855 au tribunal de commerce d'Arcis-sur-Aube, entre lui et ledit sieur Gombault, pour violation du § 1er de l'article 1er et de l'article 61 du décret du 21 août 1852, concernant le service des ports sur les voies navigables ou flottables du bassin de la Seine, et fausse application du

§ 2 dudit article 1er, en ce que ce jugement a déclaré Aviat non recevable dans la demande formée par lui contre Gombault, en paiement de la rétribution qui lui serait due en vertu de l'article 61 dudit décret, à raison des bois de sciage, bois blanc et autres que ce dernier aurait déposés sur un terrain riverain de l'Aube, pour être ensuite voiturés par bateau ou train sur ladite rivière, par le motif que ce terrain était une propriété privée, et ne pouvait pas être considéré comme un port public, puisque l'administration ne l'avait pas déclaré tel, alors cependant que le § 1er de l'article 1er dudit décret déclare ports, dans le bassin de la Seine, les emplacements situés à proximité des rivières et canaux qui servent habituellement ou accidentellement d'entrepôts pour les bois à brûler, les bois à ouvrer, les charbons de bois ; et par tous les autres motifs que le demandeur se réserve de développer ultérieurement dans un mémoire ampliatif ; pourquoi il conclut à ce qu'il plaise à la Cour de casser et annuler le jugement rendu le 15 novembre 1855 par le tribunal de commerce d'Arcis-sur-Aube, entre lui et le sieur Gombault, remettre la cause et les parties au même et semblable état où elles étaient auparavant, ordonner la restitution des sommes payées en exécution, et pour être fait droit au fond renvoyer la cause devant les autres tribunaux qui seront désignés, condamner le défendeur aux dépens, et ordonner la restitution de l'amende ; le demandeur produit l'expédition du jugement attaqué en novembre 1855, la quittance de l'amende consignée, signée Just Plée ; sur le présent pourvoi sont écrites les mentions suivantes : Enregistré à Paris le 23 avril 1856, signé : Tarjon, greffier.

Cour de cassation, chambre des requêtes, mémoire ampliatif pour Théodore Aviat, garde-port, demeurant à Plancy (Aube), demandeur en cassation d'un jugement en dernier ressort, rendu au tribunal de commerce d'Arcis-sur-Aube, le 15 novembre 1855, contre le sieur Gombault, marchand de bois, demeurant à Plancy, défendeur éventuel.

Fait : Le sieur Aviat a fait assigner Gombault devant le tribunal de commerce d'Arcis-sur-Aube en paiement de la somme de 170 fr. 88 qu'il lui doit pour ses rétributions comme garde-port de l'Aube, à raison de dépôts et enlèvements de bois de sciage et autres, qu'il

a déposés sur divers ports de l'Aube dans les
années 1852, 1853, 1854 et 1855 ; Gombault
s'est défendu en disant que les bois déposés
par lui sur la rive gauche de l'Aube n'ont point
été placés sur un port, mais bien sur des terrains appartenant à des particuliers auxquels
il a même payé des indemnités à raison de
ces dépôts. Ce système de défense a été ac-
cueilli par le jugement attaqué, dont voici le
motif : Attendu qu'il résulte des explications
données à l'audience que les marchandises,
pour lesquelles le garde-port Aviat réclame
un droit de dépôt et de chargement, ont été déposées par Gombault sur un terrain privé,
loué par lui pour son usage exclusif, que s'il
résulte de l'ordonnance de 1672 que les marchands de bois pourront se servir des terres
proches des rivières navigables et flottables,
pour y faire des amas de leurs bois destinés à
être voiturés par bateaux ou trains sur lesdites rivières, il n'en résulte pas que tout terrain situé sur le bord d'une rivière navigable
ou flottable soit par cela même un port public,
qu'il est nécessaire, pour qu'il en soit ainsi,
que l'administration manifeste légalement sa
volonté à cet égard ; attendu que c'est seule-

ment sur les ports publics reconnus tels que les gardes-ports sont astreints à exercer leur surveillance et subissent la responsabilité qui en est la conséquence, et par corrélation que ce n'est que sur les dépôts faits sur lesdits ports qu'ils peuvent réclamer les droits qui leur sont alloués par les ordonnances ; que, d'ailleurs, il ne résulte pas que Gombault ait donné une mission spéciale et privée à Aviat pour la surveillance de ses marchandises...

Discussion : Violation de l'article 14, chapitre 17 de l'ordonnance de 1672, violation du § 1er de l'article 1er et de l'article 61 du décret du 21 août 1852, concernant le service des ports sur les voies navigables ou flottables du bassin de la Seine, et fausse application du § 2 dudit article 1er. L'article 14 du chapitre 17 de l'ordonnance de 1672 est ainsi conçu : « Pourront les marchands de bois se servir « des terres proches des rivières navigables et « flottables pour y faire des amas de leurs bois, « soit pour les charger en bateau, soit pour « les mettre en trains, en payant pour l'occu- « pation desdits héritages », suit le tarif, « et « moyennant lesdites sommes, seront tenus « lesdits propriétaires de souffrir le passage

« sur leurs héritages, des ouvriers, harnais et
« chevaux. »

Et l'article 1er du décret du 21 août 1852 est
ainsi conçu : « Sont désignés sous le nom de
« ports dans le bassin de la Seine les emplace-
« ments situés à proximité des rivières et ca-
« naux, qui servent habituellement ou acci-
« dentellement d'entrepôts pour les bois à
« brûler, à ouvrer et les charbons de bois,
« ainsi que les lieux où s'effectuent la con-
« struction et le tirage des trains, le charge-
« ment et le débarquement des bateaux em-
« ployés au transport desdites marchandises ;
« les autres emplacements que ceux désignés
« dans le précédent paragraphe ne sont répu-
« tés ports, et comme tels soumis à la surveil-
« lance des agents des ports, qu'en vertu de
« décisions de l'administration supérieure ren-
« dues après enquêtes; il est fait toutes réserves
« au profit des marchands de bois des disposi-
« tions de l'article 14 du chapitre 17 de l'or-
« donnance de 1672, confirmée par la loi du
« 28 juillet 1824 »; l'article 61 du même décret
fixe les droits à percevoir par les gardes ports :

1° La question de pourvoi se trouve posée
et résolue, ainsi qu'il suit, dans le répertoire

de Dalloz (Bois, charbon, n°s 74 et 75) : « On
« s'est demandé en troisième lieu si les
« rétributions dues aux gardes-ports étaient
« légalement exigibles , lorsque les mar-
« chandises ont été déposées non sur les
« ports, mais sur des terrains privés, sur des
« propriétés particulières, soit parce qu'il n'y
« avait pas de dépôt public dans la localité,
« soit parce que ceux existant étaient insuffi-
« sants ; la question ainsi posée, l'affirmative
« est incontestable ; il suffit à cet égard de s'en
« référer à la disposition expresse de l'ordon-
« nance de 1672, telle qu'elle sera exposée plus
« loin. Cette ordonnance, chapitre 17, art. 14,
« dans l'intérêt, toujours si favorisé de l'ap-
« provisionnement de Paris, grève d'une ser-
« vitude légale toujours permanente, tous les
« terrains et héritages qui se trouvent proches
« des fleuves et des rivières, en accordant aux
« négociants, marchands de bois, le droit d'y
« déposer en tout temps leurs denrées et mar-
« chandises, sous la seule obligation de payer
« aux propriétaires des terrains une indem-
« nité fixée, et qu'on appelle droit d'occupa-
« tion ; ainsi, il faut le remarquer, ce n'est pas
« seulement sur les ports publics, habituelle-

« ment affectés à cet usage, que les bois peu-
« vent être déposés, mais aussi sur toutes les
« propriétés, quelles qu'elles soient, pourvu
« qu'elles se trouvent à proximité des fleuves
« et rivières de toutes sortes ; et, par le seul
« fait du dépôt qu'il convient aux négociants
« d'y effectuer, ces propriétés sont à l'instant
« même transformées en ports publics ; par
« conséquent, dès que ces terrains ont reçu
« cette destination, les devoirs et obligations
« des agents de service commencent aussitôt.
« Or, s'ils sont tenus à ces obligations, ils ont
« le droit au paiement des rétributions que la
« loi leur a allouées à cet effet. » En note se
trouve le texte d'un arrêt rendu dans ce sens
par la Cour de Cassation le 18 février 1846,
qu'il est indispensable de reproduire ici :

La Cour, vu l'article 14, chapitre 17 de l'ordonnance de septembre 1672, attendu que si,
aux termes de cet article, les marchands de
bois pour l'approvisionnement de Paris peuvent se servir des terres proches des rivières
navigables et flottables, pour y faire les amas
de leurs bois en payant les droits d'occupation, il appartient à l'administration de désigner, dans l'intérêt de ce service public, ceux

desdits héritages qui seront assujettis à cette servitude, et qui prennent alors la dénomination de port ; attendu qu'ensuite de la création par l'édit du mois d'avril 1704 des gardes-ports le long des rivières de Seine, Oise, Yonne, Marne et autres affluentes à Paris, un arrêt du Conseil d'Etat du 3 juin de la même année, ce tarif fixe les droits qui leur étaient accordés sur toutes les marchandises qui seraient amenées sur lesdits ports ; attendu en fait que Bourbon, institué garde-port à Régennes, Gaure et Gurgy, avait fait assigner Landon devant le tribunal de commerce d'Auxerre au paiement de la somme de 25 fr. 68 cent. pour droit de garde-port et de juré-compteur sur des bois qu'il prétendait avoir été déposés par ledit Landon sur le port de Régennes ; attendu que le jugement s'étant fondé uniquement pour rejeter la demande du garde-port Bourbon, sur le motif que les planches dont il s'agit avaient été déposées sur un terrain faisant partie d'une propriété particulière, a violé expressément l'article précité, casse.

La controverse dont parle l'auteur de l'article ci dessus n'a jamais existé ; les gardes-

ports avaient manifesté la prétention d'exercer leurs droits de surveillance sur des
marchandises autres que le bois, notamment
sur des pierres à plâtre déposées sur des
terrains privés, et par suite, d'exiger une rétribution à raison de ces marchandises; mais
il a été jugé avec raison que l'ordonnance de
1672 n'avait grevé d'une servitude légale tous
les terrains situés proches des rivières navigables et flottables qu'au profit des marchands
de bois, et dès lors, ces terrains ne pouvaient
être réputés ports publics à l'égard des autres marchands (Arrêt de la Cour de Cassation du 6 novembre 1848); en tout cas, cette
controverse, si elle a jamais existé, n'a plus
aujourd'hui raison d'être, en présence des
termes formels et si absolus de l'article 1er du
décret du 21 août 1852 : « Sont désignés sous
« le nom de ports dans le bassin de la Seine,
« les emplacements situés à proximité des ri-
« vières et canaux qui servent habituellement
« ou accidentellement d'entrepôt pour les bois
« à brûler, les bois à ouvrer et les charbons
« de bois, ainsi que les lieux où s'effectuent
« la construction et le tirage des trains, le
« chargement et le déchargement des bateaux

« employés au transport desdites marchan-
« dises. »

Le but évident de ce décret a été de complé-
ter l'ordonnance de 1672 en déclarant ports
publics tous les terrains que cette ordonnance
avait grevés d'une servitude légale au profit
du commerce des bois, et pour qu'il n'y ait aucune équivoque et qu'il ne puisse donner lieu à
aucune interprétation, le décret a bien soin de
déclarer ports publics, non-seulement les emplacements qui servent habituellement d'entrepôt, mais encore ceux qui n'en servent qu'accidentellement. S'il est vrai qu'autrefois il fallait qu'un terrain privé, situé à proximité
d'une rivière ou d'un canal, ne pût être considéré comme port qu'autant qu'il avait été spécialement déclaré tel par l'administration,
aujourd'hui il n'en est plus ainsi, cette désignation spéciale n'est plus nécessaire ; elle se
trouve dans le décret ; aujourd'hui il suffit
que les bois soient conduits sur un terrain
proche d'une rivière pour être ensuite voiturés par bateau ou train sur cette rivière, pour
que ce terrain soit, par ce fait seul, considéré
comme un port public, alors même qu'il n'aurait jamais eu cette destination ou désignation ;

les termes du décret sont tellement explicites
que nous croirions faire injure à la Cour en
insistant plus longuement. Seulement ce caractère général de port public, imprimé par le décret aux emplacements situés à proximité
des rivières et canaux, ne s'applique qu'autant qu'ils servent habituellement ou accidentellement d'entrepôt aux bois à brûler, aux bois
à ouvrer et aux charbons de bois; il ne s'applique pas aux emplacements qui servent d'entrepôt à d'autres marchandises. Ces derniers
emplacements ne peuvent être réputés ports
qu'en vertu de décision de l'administration
supérieure, rendue après enquêtes; c'est ce
que dit formellement le deuxième paragraphe
de l'article 1er de ce décret.

Dans la cause actuelle, il est constant en fait
que, pendant les années 1852, 1853, 1854 et
1855, Gombault a placé des bois sur un terrain situé à proximité de la rivière d'Aube,
pour être ensuite voiturés par bateau ou trains
sur cette rivière; le terrain était donc réputé
port public aux termes du § 1er de l'art. 1er ci-
dessus transcrit du décret du 21 août 1852, et
c'est à tort que le jugement attaqué a décidé
le contraire, parce que ce terrain était une

propriété privée, et que l'administration n'avait
pas manifesté légalement sa volonté de le déclarer port public. Cette manifestation de volonté de la part de l'administration n'est nécessaire, aux termes du deuxième paragraphe
dudit article 1er, qu'autant qu'il s'agit non de
bois comme dans l'espèce, mais de toute autre
marchandise; le jugement attaqué a encore
repoussé la demande du sieur Aviat par le
motif qu'il ne résultait pas des débats que
Gombault lui ait donné une mission spéciale
et privée pour la surveillance de sa marchandise; ici encore il y a violation manifeste des
textes cités plus haut; aussitôt que les marchandises sont déposées sur un port public,
elles sont sous la surveillance des gardes-
ports, sans qu'il soit permis au propriétaire de
ces marchandises de les affranchir de cette surveillance et de se soustraire au paiement des
droits dus au garde-port; c'est ce qui a été formellement jugé par un arrêt rendu par la
Cour de Cassation, le 4 janvier 1848, dont voici
le texte : « Attendu qu'il ne peut pas dépen-
« dre d'un conducteur de bateaux de signifier
« à un garde-port, régulièrement institué, qu'il
« entend se passer de ses services et lui refu-

« ser le salaire qui lui est légalement dû. »

En outre le jugement attaqué s'est mis en opposition manifeste avec tous les articles du décret du 21 août 1852. Ainsi le deuxième paragraphe de l'article 1er ne laisse pas le moindre doute sur les droits accordés aux gardes - ports, d'exercer leur surveillance d'agents des ports : il en est de même de l'article 3 qui dit : « Les gardes-ports font exé-« cuter dans l'étendue [des ports, etc. » La preuve que la surveillance des gardes ports doit s'exercer sur les terrains privés, réputés ports aux termes du premier paragraphe de l'article 1er ci-dessus, se trouve dans l'art. 26 ainsi conçu : « Pour faciliter le règlement des « indemnités dues pour l'occupation des ter-« rains, les gardes-ports dressent des états in-« diquant, etc., et ils remettent copie de ces « états dûment certifiés, tant aux propriétaires « ou fermiers de ces terrains, qu'aux proprié-« taires des marchandises.» En un mot, il n'est peut-être pas un seul article du décret qui ne révèle le droit accordé aux gardes-ports d'exer-cer leur surveillance sur tous les emplace-ments sans distinction qui sont réputés ports ; ce droit de surveillance entraîne pour les gardes-ports certaines obligations, et engage leur responsabilité dans un assez grand nombre de cas. En échange de ces obligations, la loi leur alloue des attributions qui sont également obligatoires pour le commerce, et que les tribunaux ne peuvent leur refuser sous aucun prétexte; ainsi, sous aucun rapport, le jugement attaqué ne peut échapper à la censure de la Cour de Cassation, et le demandeur persiste dans la conclusion de son pourvoi.

Signé : Just Plée.

La Cour, ouï M. Nachet, conseiller, en son rapport. M. Plée, avocat, en ses observations; et M. de Marnas, avocat général, en ses conclusions, admet la requête; en conséquence, elle autorise le sieur Aviat à faire citer dans les délais du règlement le sieur Gombault, marchand de bois, demeurant à Plancy, à comparaître devant la Chambre civile pour y défendre aux fins du pourvoi et du mémoire ampliatif, dont la copie lui sera signifiée avec celle du présent arrêt.

Ainsi jugé et prononcé à l'audience publique de la Chambre des requêtes du 11 août 1856.

Présents : MM. Bernard de Rennes, conseiller faisant fonctions de président, Nachet, rapporteur, d'Oms, Brière, Voligny, Terey, Cauchy, Hardoin, Poultier, Taillandier, Bayle-Mouillard, conseillers en la Cour, mandons et ordonnons, etc.

ARRÈT DE LA COUR DE CASSATION

du 25 août 1857.

CHAMBRE CIVILE.

Le sieur Aviat, garde-port de l'Aube, a actionné le sieur Gombault devant le tribunal de commerce d'Arcy-sur-Aube, en paiement d'une somme de 170 fr. pour la rétribution qui lui était due à raison de dépôts de bois opérés sur divers ports de l'Aube de 1852 à 1855. Le sieur Gombault opposa que ses bois n'avaient pas été placés sur un port, mais bien sur des terrains appartenant à des particuliers, et qu'il avait loués pour son usage.

Un jugement du 15 novembre 1855, accueillant ce système, déclare qu'aucun droit n'était dû au sieur Aviat. — Ce jugement est ainsi motivé : « Attendu qu'il résulte des explica-

« tions données à l'audience que les mar-
« chandises, pour lesquelles le garde-port
« Aviat réclame un droit de dépôt et de dé-
« chargement, ont été déposées par Gombault
« sur un terrain privé, loué par lui pour son
« usage exclusif ; que s'il résulte de l'Or-
« donnance de 1672 que les marchands de
« bois pourront se servir des terres proches
« des rivières navigables et flottables du bas-
« sin de la Seine, pour y faire des amas de
« leurs bois destinés à être voiturés par ba-
« teau ou trains sur lesdites rivières, il n'en
« résulte pas que tout terrain situé sur les
« bords d'une rivière navigable ou flottable
« soit, par cela même, un port public ; — qu'il
« est nécessaire, pour qu'il en soit ainsi, que
« l'Administration manifeste légalement sa
« volonté à cet égard ; — Attendu que c'est
« seulement sur les ports publics, reconnus
« tels, que les gardes-ports sont astreints à
« exercer leur surveillance, et subissent la
« responsabilité qui en est la conséquence, et,
« par corrélation, que ce n'est que sur les dé-
« pôts faits sur lesdits ports qu'ils peuvent
« réclamer les droits qui leur sont alloués par
« les ordonnances ; que, d'ailleurs, il ne ré-

« sulte pas que Gombault ait donné une mis-
« sion spéciale et privée à Aviat pour la sur-
« veillance de ses marchandises ; »

Arrêt.

La Cour, — Vu l'article 14 du chapitre xvi
de l'ordonnance de 1672 sur le commerce de
bois et l'approvisionnement de Paris et les
articles 1 et 61 du décret législatif du 21 août
1852 concernant le service des ports sur les
rivières navigables ou flottables du bassin de
la Seine, lequel décret vise ladite ordonnance,
dont il maintient le principe, et explique ou
modifie certaines dispositions; — Attendu que
du rapprochement des termes des deux premiers paragraphes de l'article 1 dudit décret,
il résulte que si les emplacements habituels ou
accidentels des dépôts de marchandises autres que bois ne sont réputés ports, et,
comme tels soumis à la surveillance des
agents des ports, qu'en vertu d'une décision
de l'administration, il en est autrement des
emplacements habituels ou accidentels des
dépôts de bois, lesquels sont, de droit et
par le seul fait du dépôt, réputés ports,
et comme tels soumis à la surveillance des-

dits agents, sans l'intervention d'une décision à cet égard de l'administration, dont ledit article exclut virtuellement la nécessité pour les dépôts de bois, par cela même qu'en l'exigeant en termes formels pour les autres marchandises, il n'en parle pas pour les bois; — Attendu que la circonstance que Gombault a pris à location, près du port et pour son usage exclusif, les terrains riverains de l'Aube sur lesquels il a, de son aveu et ainsi qu'il est constaté par le jugement attaqué, opéré depuis plusieurs années des dépôts et enlèvements de bois à la destination de Paris, n'est point de nature à enlever à ces terrains leur caractère de Port, que leur imprime, d'après leur usage et leur emploi, l'article 1 du décret, et à les soustraire à la surveillance des agents des ports, à laquelle, à ce titre, ledit décret les soumet, et, par suite, au paiement de la rétribution attribuée au garde-port, à raison de cette surveillance, par l'article 61 du décret; — Qu'il suit de là que le jugement attaqué, en rejetant la demande du garde-port Aviat en paiement de cette rétribution, a expressément violé l'article 14, chapitre XVII de l'ordonnance du mois de décembre 1672 et

les articles 1 et 61 du décret du 21 août 1852.
— Casse, etc.

Du 25 août 1857. — Chambre civile,

MM. Bérenger, président; Moreau (de la Meurthe) rapporteur; de Marnas, premier avocat général; Plée et Christophe, avocats.

MÉMOIRE AMPLIATIF

POUR

M. A. BONNEAU, GARDE-PORT,

contre les sieurs CHAMBARD et CUILLER;

Mémoire admis par la Chambre des requêtes de la Cour de
Cassation le 7 juillet 1863.

FAITS :

Les sieurs Chambard et Cuiller, propriétaires d'une usine de sciages, se servent habituellement pour le dépôt de leurs bois d'un
emplacement, situé sur le biez du moulin
Mil-Eau.

Certaines quantités de bois ont été déposées
sur cet emplacement par les défendeurs éventuels qui, après une vente de ces marchandises à des commerçants de Paris, ont fait
appeler le garde-port Bonneau, afin de faire
constater à chaque départ les quantités enlevées et délivrer aux mariniers des lettres de
voiture.

Une fois les enlèvements opérés, le garde-port a réclamé le montant des rétributions allouées par le tarif annexé au décret du 21 août 1852.

Un compte régulier et conforme au tarif est présenté aux défendeurs éventuels, et sur leur refus de payer, le sieur Bonneau les a assignés devant le tribunal d'Auxerre.

A cette demande, les défendeurs ont répondu :

« Que l'emplacement sur lequel avaient été
« déposées les marchandises à l'occasion des-
« quelles une perception était réclamée, ne
« pouvait pas être qualifié de port.

« *Qu'aussi* le sieur Bonneau n'avait, à l'égard
« de ces marchandises, rempli aucun des de-
« voirs de réception et de surveillance qui lui
« étaient imposés. »

Et ils ont conclu au rejet de la demande du garde-port, mais en offrant de payer la rétribution qui pourrait être due pour opération de comptage et de mesurage *faite sur leur demande*, lors de l'enlèvement des marchandises expédiées pour leur compte.

Le débat se posait donc en ces termes : le garde-port réclamait les droits incontestable-

ment dus et réglés par le tarif pour tout dépôt de marchandises *sur un port*.

Les sieurs Chambard et Cuiller refusaient
le paiement de ces droits, en alléguant que
l'emplacement qu'ils occupaient *n'étant pas
un port*, le sieur Bonneau n'avait pas eu à
surveiller les marchandises, et ne pouvait réclamer un salaire que pour le comptage qui
lui avait été demandé, conformément à l'article 66 du décret de 1852, non pas en qualité
de garde-port, mais à titre de mandataire
choisi par eux.

Nous reproduisons plus loin le jugement
qui a donné gain de cause aux défendeurs
éventuels, et qui est la décision attaquée.
V. page 276.)

V. page 276.)

DISCUSSION :

Moyen unique.

Violation des articles 14, chapitre xvii de
l'ordonnance de 1672, I, 61 et 62 du décret du
21 août 1852, et fausse application des articles 64, paragraphes 2, 65 et 66 du même décret, en ce que le jugement attaqué a décidé
qu'il n'y avait pas lieu à la perception par le

garde-port des droits alloués par le tarif, sous le prétexte que les terrains sur lesquels ont été déposés les bois, ayant été loués par les propriétaires de ces bois, ne sauraient être réputés ports ;

Et comme conséquence qu'une rétribution ne devait être accordée au garde-port que pour les cas où son intervention aurait été demandée par les défendeurs éventuels, et dans un intérêt privé, aux termes de l'article 66 du décret du 21 août 1852.

Le tribunal d'Auxerre n'avait à examiner que deux questions; elles sont indiquées dans le point de droit :

« L'emplacement sur lequel ont été déposées « les marchandises dont il s'agit, peut-il être « considéré comme un port soumis à la sur-« veillance et à la perception des droits du « garde-port? »

« En cas de réponse négative, n'est-il pas dû « au sieur Bonneau une somme pour service « particulier par lui rendu aux défendeurs, « en comptant diverses marchandises au dé-« part? »

Le jugement attaqué a déclaré que l'emplacement occupé par les sieurs Cuiller et Cham-

bard n'est pas un port, et, comme conséquence incontestable, il a décidé que l'art. 66
du décret de 1852 était seul applicable à l'espèce et que le sieur Bonneau n'avait droit
dès lors qu'à une rémunération particulière
pour service rendu et qui lui avait été demandé dans un intérêt privé.

Si la décision, soumise à la censure de la
Cour suprême, ne se fût pas écartée de la question qu'elle avait à résoudre et qu'en réalité
elle résout seule, la discussion devrait se
limiter à l'examen de la première proposition
posée dans les questions de droit; mais dans
une série de motifs, elle soulève des questions
de principe tellement graves pour l'administration des ports, qu'il semble indispensable de les examiner rapidement, bien que
le jugement attaqué n'en fasse pas l'application à l'espèce.

Il paraît résulter, en effet, de l'ensemble de
ces motifs que : alors même que l'emplacement occupé *serait un port,* si par suite soit de
négligence de la part du garde-port, soit
même, comme dans l'espèce, par suite de la
volonté des marchands, le garde-port n'est
pas appelé à l'arrivée des marchandises pour

exercer son contrôle et sa surveillance, il appartient aux tribunaux de réduire ou de diviser à leur gré, et suivant une appréciation de faits, les rétributions allouées par le tarif.

En un mot, le jugement attaqué semble revendiquer pour l'autorité judiciaire le droit de contrôle sur les actes des gardes-ports agissant dans l'exercice de leurs fonctions ;

Et le droit d'allouer ou le total des rétributions fixées par le tarif ou seulement la moitié de ces rétributions, suivant que le marchand aura ou n'aura pas, à son gré, réclamé les services du garde-port à l'arrivage ou à l'enlèvement des marchandises.

—————

Agents d'une administration spéciale, les gardes-ports ne relèvent que de cette administration ; s'ils ne remplissent pas leurs devoirs, des plaintes peuvent être portées contre eux, et si, par suite de leur négligence des erreurs, des pertes ou des avaries surviennent, l'article II du décret de 1852 les en rend responsables, et à ce premier point de vue, il ne saurait appartenir aux tribunaux de donner une sanction pénale à certains faits de négligence, autre que celle édictée par la loi.

Il serait impossible, par exemple, de refuser les droits alloués par le tarif sous le prétexte qu'un garde-port n'aurait pas rempli scrupuleusement ses devoirs, par cela seul que les rétributions appartiennent, non-seulement au garde-port, mais à l'inspecteur pour un cinquième et à la caisse des retraites pour des retenues calculées sur le montant des rétributions. (Art. 56 du décret de 1852 ; circulaire du ministre des travaux publics du 3 mai 1855.)

Et à plus forte raison, n'est-il pas possible de réduire à un demi-droit les rétributions allouées par le tarif, lorsque le garde-port n'a aucun reproche à s'adresser et qu'en fait on ne lui en adresse aucun.

Le législateur, en effet, en divisant les rétributions du tarif en deux fractions, n'a pas entendu permettre au marchand d'user ou de ne pas user, à son gré, des services du garde-port ; s'il en eût été ainsi, il se serait dispensé de faire l'addition des deux fractions pour en donner le total. Seulement, il a divisé le total en deux fractions pour faciliter les comptes entre les marchands et les gardes-ports ; en effet, la rétribution d'arrivage est due par le marchand qui met les marchandises en dépôt, et la rétribution d'enlèvement par l'acheteur de la marchandise, c'est-à-dire par deux personnes distinctes, et il est à remarquer que les droits ne sont pas toujours les mêmes et pour l'arrivage et pour l'enlèvement.

Comment, en effet, pourrait-on soutenir que le législateur a voulu laisser aux marchands la faculté d'user ou de ne pas user des services du garde-port, puisque l'article 7 déclare formellement : « qu'aucune marchan- « dise ne doit être déchargée sur les ports, « sans que, au préalable, il en ait été fait la « déclaration au garde-port qui désigne le « lieu où elle peut être déposée, » et que l'article 67, en déclarant que l'intervention des gardes-ports est facultative pour le commerce au delà des limites du bassin de la Seine, déclare par cela même que leur intervention est obligatoire dans le bassin de la Seine.

Si donc pour une raison ou pour une autre le garde-port n'est pas prévenu, s'il lui est impossible par suite du refus du marchand, qui croit être chez lui comme dans l'espèce, de contrôler les opérations ou à l'arrivage ou à l'enlèvement des marchandises, s'il est mis par conséquent dans l'impossibilité de remplir les obligations matérielles et de rendre les services de comptage qu'on ne demande pas, qu'on refuse, le droit fixé n'en est pas moins dû par le marchand, par le fait seul du dépôt des marchandises sur un port.

C'est ainsi que M. Dalloz s'occupant de la question du demi-droit dans le cas spécial où les marchandises ne font que passer sur le port, emprunter le port pour passer de la voiture au bateau, se prononce pour le paiement du total des rétributions par ces raisons :

« On ne peut assimiler les jurés-compteurs
« et gardes-ports, qui sont des fonctionnaires
« publics, à des manœuvres, à des ouvriers à
« la tâche qui ne peuvent exiger de salaire
« que dans la proportion du travail produit.

« Ce serait là une prétention impossible.
« En effet, il suffit que ces agents soient dans
« l'exercice de leurs fonctions ; or, l'exercice
« de leurs fonctions, c'est leur présence sur
« les ports, c'est une surveillance continuelle
« qui, sans cesser d'être très-utile, ne se tra-

« duit pas toujours en quelque chose de tan-
« gible et de matériel. »

La rétribution, en effet, n'est pas seulement
le paiement d'un travail de comptage manuel
et matériel ; mais elle est surtout et avant
tout la juste .rémunération d'une surveillance incessante et la faible compensation de
la responsabilité qui pèse sur le garde-port
qui, aux termes de l'article 11 du décret, est
responsable de tous les faits dommageables
pour les propriétaires des marchandises, faits
qui seraient le résultat de sa négligence.

C'est ainsi que la Chambre civile a rejeté le
pourvoi formé contre un jugement de Senlis,
qui avait condamné un marchand à payer au
garde-port le droit alloué par le tarif, alors
que le garde-port n'avait pu rendre aucun service matériel ni assister à aucun comptage,
puisque le marchand avait eu soin de lui faire
signifier une déclaration par laquelle il disait
qu'il entendait se passer de ses services.

Attendu sur le troisième moyen : « il ne peut
« dépendre d'un conducteur de bateau, de si-
« gnifier à un garde-port, régulièrement insti-
« tué, qu'il entend se passer de ses services,
« et lui refuser le salaire qui lui est légalement

« dû. » — Registre D, 1848, I, 30. (4 janvier.)

Ainsi donc, si l'emplacement occupé par les défendeurs éventuels *est un port*; s'ils se sont trompés volontairement ou non, sur la qualification légale à donner à cet emplacement, peu importe que les défendeurs éventuels aient fait trier et empiler les marchandises sous leur surveillance unique, et sans la moindre coopération du garde-port ; peu importe que le sieur Bonneau n'ait pas participé à l'arrivage, ce qui lui était impossible en présence de la prétention des sieurs Chambard et Cuiller, qui non-seulement ne faisaient aucune déclaration conformément à l'article 7 du décret, mais refusaient, contrairement aux prescriptions de l'article 67, les services obligatoires du garde-port ; peu importe, en un mot, qu'il n'ait pas rendu le service matériel du comptage, le droit est dû par cela seul que les marchandises ont été déposées *sur un port*; car, du moment où elles s'y trouvaient, ses fonctions l'obligeaient à les surveiller ; et si des délits avaient été commis et non constatés par lui, si des erreurs, si des pertes et des avaries avaient eu lieu, il pouvait en être déclaré responsable ;

parce qu'enfin aux termes de l'arrêt de 1848, le droit est dû, alors même qu'aucun service matériel n'est rendu, alors même que le marchand refuse tout service du garde-port.

Il ne reste donc qu'une seule question à examiner : l'emplacement occupé par les défendeurs éventuels est-il ou n'est-il pas un port aux termes de l'article 1 du décret du 21 août 1852?

Le jugement attaqué refuse à cet emplacement la qualification de port par ce double motif : 1° que c'est une propriété privée, louée par les défendeurs éventuels, et sur laquelle le public n'a pas accès ; 2° que l'administration ne l'a pas classé comme port.

La Cour de Cassation par un arrêt récent a fait justice d'une semblable doctrine, en cassant une décision analogue à celle qui est déférée aujourd'hui à sa censure. Nous ne saurions mieux faire que d'en substituer les termes mêmes à une discussion désormais inutile et oiseuse.

(Suit l'arrêt du 25 août 1857 déjà cité).

En refusant le caractère de port à l'emplament occupé par les défendeurs éventuels pour un dépôt de bois; en n'accordant au demandeur en cassation que la rémunération particulière permise par l'article 66 du décret de 1852, le jugement attaqué a manifestement violé l'article 14 de l'ordonnance de 1672, les articles 1 et 61 du décret du 21 août 1852 et faussement appliqué l'article 66 du même décret.

L'exposant persiste dans les conclusions du pourvoi.

EXTRAIT DU JUGEMENT DU TRIBUNAL DE COM-
MERCE D'AUXERRE EN DATE DU 31 JANVIER 1863,
CASSÉ PAR L'ARRÊT DE LA COUR DE CASSATION
EN DATE DU 13 JUIN 1864.

Considérant que cet emplacement (1), qui
est contigu dans toute sa longueur au biez du
moulin n'est pas classé comme port, que res-
serré entre le chemin conduisant au moulin
dit Mileau et le biez, il n'a pu et ne peut être
considéré comme port accessible au public à
cause de son étroitesse, et qu'en fait le public
n'y a pas accès ;

Considérant, qu'en effet, ce terrain, loué
verbalement par le propriétaire au sieur
Goury, est en très-grande partie occupé par
ce dernier comme entrepôt de pierres et par un
sieur Boulard, buandier, dont le bateau-lavoir
borde le biez sur une assez grande longueur ;
que la partie sous-louée par Goury à Boulard

(1) Il s'agit du port Mileau, rive droite, à côté du pont, à
Auxerre.

est garnie de piquets supportant des cordes, et que le surplus est utilisé par un dépôt de charpentes qui y reposent depuis 1861, et parce que Goury l'a bien voulu sous-louer verbalement au sieur Flogny, charpentier à Auxerre ;

Considérant qu'il est donc convenu que cet emplacement a reçu une destination tout autre que celle d'un port ;

Considérant que dès lors le garde-port n'a pas à y intervenir, que la nature de ses fonctions, telles qu'elles ont été réglées par le décret du 21 août 1852, s'oppose à ce qu'il puisse les exercer dans un lieu qui n'est pas ouvert au public, sur un terrain loué et occupé à titre purement privé par des chantiers ;

Considérant, d'un autre côté, que le garde-port doit, pour avoir droit aux doubles rémunérations fixées par la loi, remplir les obligations qui lui sont imposées par les articles 10, 11, 12, 13, 14, 16 et 17 du titre II, 23 et 27 du titre III du susdit décret ;

Considérant, en effet, que les sieurs Chambard et Cuiller ont à proximité du biez du moulin Mileau, et par conséquent à peu de distance de l'emplacement susdésigné une usine de sciages, mue par une machine à vapeur de la force de dix chevaux ;

Considérant que ces industriels ont, pendant le courant du mois de novembre de l'année 1859, obtenu du sieur Goury, tailleur de pierres, qu'il leur louât par bail verbal une place prise dans son chantier garni de pierres, qu'il a fallu déplacer pour leur servir de dépôt ou magasin ;

Considérant, qu'en effet, les sieurs Chambard et Cuiller ont fait conduire sur ce terrain, à partir de ladite époque, leurs planches de diverses dimensions, qu'ils les ont eux-mêmes fait trier et empiler sous leur surveillance unique et sans la moindre coopération du garde-port, qu'ils en ont employé une partie au fur et à mesure de leurs besoins ; qu'enfin ils en ont vendu, à diverses époques, différentes quantités à seize personnes, sans aucune espèce d'intervention du garde-port ;

Considérant que les sieurs Chambard et Cuiller n'ont jamais regardé la place qu'ils occupaient dans le chantier de Goury que comme leur chantier où ils déposaient leurs planches au fur et à mesure de leur fabriation, ce qui explique l'inaction du garde-port ;

Considérant que les défendeurs, reconnaissant l'impossibilité de vendre ou d'employer sur place tous leurs divers sciages sont allés vendre à Paris le surplus de leurs marchandises, et que c'est seulement au moment de l'embarquement des sciages et sur la demande des destinataires et des mariniers, qui ne voulaient pas charger ces bois sans une lettre de voiture du garde-port, que ce dernier a été requis de venir constater à chaque départ les quantités enlevées;

Considérant que des comptes fournis par le garde-port, il ressort qu'il entend avoir le droit de cumuler les deux rétributions, à l'arrivage et au départ, pour le fait seul d'avoir compté les marchandises une seule fois au moment du départ;

Vu l'article 61 du décret du 21 août 1852, ensemble le tarif des rétributions à percevoir, l'une à l'arrivage, l'autre à l'enlèvement;

Considérant que le législateur, en stipulant la division des deux rétributions, n'a pu vouloir que le garde-port eût le droit d'exiger la double rétribution, qu'autant que deux services distincts auraient été rendus;

Considérant que la prétention du sieur Bon-

neau n'est pas admissible, puisqu'il résulte
des débats et de l'inspection de ses livres qu'il
n'a nullement participé à l'arrivage, qu'il ne
peut pas justifier avoir rempli les obligations
à lui imposées par les articles 23 et 27 du décret de 1852; que si ses écritures portent, il est
vrai, l'arrivage et le départ des sciages dont est
question, cette mention a été faite simultané-
ment, bien que le fait des dépôts eût précédé le
départ de plusieurs mois;

Considérant que si, dans l'espèce, les deux
rétributions étaient allouées, l'interprétation
de la loi, dans ce cas, constituerait pour les
agents des ports une rémunération relativement considérable, uniquement pour l'inser-
tion sur leurs livrets en une seule ligne d'arrivages fictifs, et sans que ces agents aient
besoin de remplir aucune des obligations qui
leur sont imposées à l'égard de l'arrivage et
de la surveillance;

Par tous ces motifs, etc.

Le décret du 21 août 1852 doit être considéré comme la loi moderne et résumatrice qui
régit les ports de la navigation intérieure. Il
n'engage pas seulement les agents, il engage
aussi le commerce. Ses prescriptions sont nombreuses et variées; mais il est impossible aux
gardes-ports de répondre à toutes ces prescriptions si les marchands ne s'y prêtent pas. En
effet, dans l'espèce qui nous occupe, dès l'arrivée de la première voiture des bois de sciage de
MM. Chambard et Cuiller, dès l'apparition du
garde-port pour remplir ses fonctions, qu'ont
fait ces marchands? Ils ont dit qu'ils ne le
connaissaient pas, qu'ils n'avaient pas besoin
de son entremise, qu'ils étaient sur un terrain
à eux, que ce terrain leur était exclusivement
attribué; et cependant ce terrain avait été loué
tour à tour pour des dépôts de charpentes, de

souches, et il devenait, en vertu de l'article 1er du décret de 1852, port *accidentel*, du moment qu'on y déposait des bois, selon la définition de l'article 1er du décret, et l'interprétation de la Cour de Cassation dans son arrêt du 25 août 1857. Le garde-port insista pour faire son devoir : on continua à l'en empêcher, déclarant que l'on ferait valoir devant les tribunaux la location particulière du terrain pour repousser son intervention. Que restait-il à faire à l'agent? Devait-il requérir la force publique pour compter les sciages voiture par voiture? Et ne fallait-il pas qu'il se bornât à surveiller les arrivages et la mise comptable des marchandises, c'est-à-dire son classement par les ouvriers de MM. Chambard et Cuiller, espèce par espèce, et longueur par longueur. S'il y eût eu erreur dans la confection des piles ou tentative de fraude dans le mélange du bon bois avec le rebut, il eût intervenu assurément et forcément. Mais il n'eut aucune observation à faire, et l'on n'est pas en droit de nier son contrôle, parce qu'il ne lui donna pas l'occasion d'agir ou de verbaliser. Aussi bien, repousser l'intervention d'un agent sous un prétexte ou sous un autre, c'est mettre cet agent dans l'impossibilité de remplir tous ses devoirs, et, dans ce cas, la culpabilité n'est pas à l'agent, mais au marchand récalcitrant.

Et maintenant, est-il juste de reprocher au garde-port, auquel on conteste son droit d'intervenir sur un terrain déclaré particulier contrairement à la loi; est-il juste, dis-je, de lui reprocher de ne pas avoir rempli les obligations qui lui sont imposées par les articles 10, 11, 12, 13, 14, 16, 17, 23 et 27 du décret. L'article 10 est ainsi conçu : « Les gardes-« ports sont chargés de veiller, sans disconti-« nuation, à la conservation des marchandises « déposées sur les ports.

« Ils règlent la consommation du combus-« tible nécessaire à l'entretien des feux allu-« més par les ouvriers.

« Lorsqu'ils jugent que les marchandises « courent le risque d'être entraînées par les « débordements ou les glaces, ils en donnent « immédiatement avis à l'inspecteur des ports « ainsi qu'aux propriétaires ; en cas d'urgence « ils prennent d'office, aux frais de ces der-« niers , toutes les mesures nécessaires de « conservation ou de sauvetage.

« Ils empêchent qu'on exécute sur les ports

« sans l'autorisation de l'inspecteur, aucune
« opération qui aurait pour résultat de trans-
« former ou dénaturer la marchandise. »

Le garde-port Bonneau a complètement
exécuté cet article, car il a veillé sans discontinuation à la conservation des marchandises
déposées sur le port de Mileau, quoique loué
momentanément aux sieurs Chambard et
Cuiller. Est-ce donc parce qu'il n'a pas eu à
réprimer des tentatives de soustraction ou de
désordre pour le fait des dépôts de MM. Chambard et Cuiller, qu'on est bien venu à ne pas
reconnaître sa surveillance ? Mais la seule institution d'un garde-port dans un cantonnement
suffit bien des fois pour empêcher tout acte
répréhensible, qu'on se permettrait peut-être
si l'on n'avait pas à redouter la répression de
cet officier public. Un propriétaire pourrait-il
nier l'utilité des gardes-champêtres, parce
qu'on n'aurait pas touché à sa récolte ? On ne
comprend donc point qu'on puisse reprocher
au garde-port Bonneau de n'avoir pas exécuté
le premier paragraphe de l'article 10, d'autant
plus qu'il a affirmé n'avoir pas passé un
seul jour sans être allé sur le port de Mileau.
Quant au paragraphe 2 du même article, il

n'y a eu à régler aucune consommation de combustible ; quant au paragraphe 3, nous n'avons pas heureusement souffert de débordement en 1862 ; quant au paragraphe 4, il n'y a pas eu transformation de la marchandise sur le port.

Passons maintenant à l'article 11, ainsi libellé : « Les gardes-ports recherchent et con« statent, au moyen de procès-verbaux , les « délits et contraventions commis sur les « ports.

« Conformément à l'arrêté du gouverne« ment du 26 nivôse an V, ils font la recher« che des bois volés sur les ports, et procè« dent au besoin, à des perquisitions, en se « conformant aux lois existantes.

« Ils peuvent être déclarés responsables des « délits commis sur les ports, et passibles des « amendes et indemnités encourues par les « délinquants, lorsqu'ils n'ont pas dûment « constaté les délits.

« Ils peuvent également être déclarés res« ponsables des erreurs, pertes et avaries qui « seraient le résultat de leur négligence. »

La simple lecture de cet article prouve l'erreur du tribunal d'Auxerre. Peut-on, en effet, incriminer un agent et le déclarer suspect de n'avoir pas rempli ses devoirs, parce qu'aucun délit ne s'est commis momentanément sur ses ports. M. le Préfet de police serait-il admis à refuser son traitement mensuel à un de ses agents parce qu'il n'aurait pas arrêté de malfaiteurs pendant le mois? Et d'ailleurs, avant de formuler un pareil blâme, il eût fallu au préalable prouver qu'un délit quelconque n'avait pas été dénoncé, auquel cas on aurait bien su déclarer le garde-port responsable par application du paragraphe 3 du même article.

En ce qui concerne les articles 12, 13, 14 et 16, invoqués aussi par le tribunal d'Auxerre comme non exécutés par le garde-port Bonneau, c'est toujours la même négation de surveillance, parce qu'il n'est pas survenu de procès-verbaux de contravention. Il y a même surabondance de citations d'articles ; car les articles 13 et 14 ne s'appliquent en réalité qu'aux bois en bûches, et il eût suffi pour accabler le garde-port de citer seulement l'article 16 relatif à la mise en état des bois de sciages ; mais ce qui abonde ne nuit pas dans tous les cas possibles. On ne conçoit pas en outre, qu'on ait cité l'article 17, où il ne s'agit absolument

que de bois en bûches, de charpentes et de
charbons de bois. Jamais on ne marque les
piles de sciages à la roanne, on se contente
d'en faire le compte par espèces, et de réduire
ces espèces en mètres courants pour arriver à
en faire le compte en décistères.

La déclaration que les articles 23 et 27 n'ont
pas été exécutés, est une intrusion du pouvoir judiciaire dans l'administration. La comptabilité des ports est contrôlée, vérifiée et visée
par des inspecteurs. Seuls, ils peuvent en cri-
tiquer les détails, en fixer l'extension, et en
abréger ou en développer le libellé. Dire que
des arrivages ne forment indûment qu'*une
seule ligne sur des livres*, c'est entrer dans le
règlement des écritures administratives, c'est
les apprécier, les juger, et parfois les condamner contrairement à des décisions ministérielles ignorées ; c'est annuler d'ailleurs l'œuvre de l'inspection, son contrôle et son
autorité. Les marchands, pas plus que les
tribunaux de commerce, ne peuvent être juges
d'une comptabilité exigée par l'administration
pour s'assurer des actes des agents, et qui est
essentiellement modifiable selon les circonstances, et selon les vues ministérielles.

Quant à l'article 27 qu'on constate n'avoir pas été exécuté, en lui réside véritablement la question nouvelle, celle du demi-droit, qu'on prétend établir par interprétation judiciaire ou plutôt étendre au delà des limites du tarif annexé au décret du 21 août 1852. Cet art. 27 dans le cas où les marchânds ont fait transporter leurs marchandises par des voitures en location, et pour faciliter le compte de ces marchands et des voituriers, prescrit la délivrance de billets de ports, au fur et à mesure des arrivages. Et maintenant, dans les cas nombreux où le marchand fait transporter ses marchandises par ses propres voitures , ou dans les cas non moins nombreux d'une exploitation sur place, comme par exemple de peupliers plantés le long d'un canal ou d'une rivière, et qui s'embarquent sur le lieu même où ils ont été débités, s'ensuit-il que le garde-port est obligé de délivrer des billets de ports qui ne lui sont pas demandés, et qui sont véritablement inutiles ? L'administration en a pensé différemment, elle sait que les soins de surveillance et les travaux de comptage sont les mêmes pour l'agent, et elle n'exige pas de lui des écritures surabondantes, ce qui serait une

perte d'un temps qu'il pourrait mieux employer
ailleurs ; et la preuve que toutes les prescriptions relatives à *la comptabilité des ports* (titre III du décret) ne sont pas exigibles dans
chaque opération, c'est qu'il est évident que
l'on ne mentionne, sur les livres des ports, de
mutations, qu'autant qu'il y a eu cession sur
place de la marchandise (art. 29), et qu'en ce
qui regarde l'article 26 tout entier, on n'a point
à dresser d'états des quantités des marchandises déposées sur les ports pour le compte de
chaque marchand, quand il y a eu dépôt sur
un port appartenant à l'État, car dans ce cas
tout dépôt est gratuit.

Il ne convient donc ni à un marchand, ni à
un tribunal de commerce, de juger de la comptabilité d'un garde-port, et d'accuser sa négligence pour ne point solder des rétributions
qui n'appartiennent d'ailleurs pas à lui seul,
mais bien pour un cinquième à l'inspection et
pour un vingtième à l'État. Un jugement ne
peut pas punir un agent d'avoir mal fait son
devoir, en lui refusant les rétributions exigibles
d'après l'article 61 du décret ; ce droit n'appartient qu'à l'État, ainsi qu'il appert de la décision suivante de M. le sous-secrétaire d'État du

Ministère des travaux publics, en date du
17 avril 1815 : « Par décision de M. le sous-
« secrétaire d'État des travaux publics, le
« sieur X..., garde-port à X..., a été suspendu
« de ses fonctions pendant trois mois : 1° pour
« s'être absenté de son port sans l'autorisation
« préalable de ses chefs ; 2° pour s'être livré à
« des opérations en dehors de ses fonctions ;
« 3° pour n'avoir tenu aucun compte des obser-
« vations qui lui avaient été faites sur l'ac-
« complissement de ses devoirs. »

Par cette suspension, M. le sous-secrétaire
d'État n'a frappé que le vrai coupable, sans
diminuer les émoluments de l'inspection, car
selon les règlements qui nous constituent, il
a dû être nommé immédiatement un intérimaire au poste vacant (voir le paragraphe 3
de l'article 36 du décret).

Le titre III tout entier, relatif à la comptabilité, est donc d'essence et d'application tout
administratives : l'administration a prévu autant que possible les cas divers d'écritures spéciales, sans songer à exiger toutes ses écritures dans chaque cas qui pourrait se présenter;
elle a déterminé par une instruction détaillée,
en date du 1er décembre 1852, la forme et l'é-

tendue de ses écritures. Elle seule les prescrit, les contrôle, les juge par la voie de l'inspection, et l'une des preuves de ce fait, c'est qu'en place des juges de paix ce sont maintenant les inspecteurs des ports qui cotent et paraphent les livres de leurs subordonnés (art. 25). C'est donc à l'administration seule qu'appartient la mise à exécution du titre III du décret, et quand elle n'exige sur le *livre-journal* d'un port qu'une seule ligne pour telle opération, c'est qu'elle sait qu'il existe des registres supplémentaires où sont détaillées les espèces et divisions de la marchandise. Elle ordonne pour les sciages, par exemple, que, suivant la demande des marchands, les longueurs et épaisseurs de chaque débit soient mentionnées sur la lettre de voiture, à l'enlèvement ; mais elle n'entend pas qu'on livre des billets de port quand il n'y a pas de voituriers, elle ne détourne pas l'agent cantonnal de ses autres devoirs en l'obligeant à des répétitions surabondantes d'écritures. Elle le préfère généralement sur ses ports qu'à son bureau ; elle l'a institué pour être utile au commerce dans le plus de cas possibles, et elle n'a songé, par l'établissement de son tarif, qu'à alléger les sacrifices du commerce en

étendant à tous les intéressés indistinctement,
la charge de solder les emplois des ports. De
cette façon elle a pu maintenir au taux du tarif de 1704 (chose inouïe, bon marché inconce-
vable), la quote-part de telle et telle marchandise ; et, quelque travail difficile, compliqué,
dangereux même, que réclame, dans certaines
circontances, tel dépôt de bois, elle n'a pas
permis que l'agent pût solliciter une augmentation de tarif, une haute paie, une indemnité de peines prévues mais non constamment
commandées : ainsi il faut entendre, par travail *compliqué*, le cas de ventes successives sur
place de la même marchandise ; par travail
difficile, le cas de lotissement de marchandises
entre divers commerçants ; par travail *dangereux*, le cas de sauvetage des marchandises par
suite de débordements ; quelles que soient ces
circonstances, le taux du tarif des rétributions
reste le même , et peut-il s'ensuivre qu'on soit
libre de diminuer ce tarif de moitié, quand aucun de ces travaux n'a dû avoir lieu, n'étant pas
nécessaire ? Alors rien ne garantirait le salaire
des agents, sinon des cas fortuits ou des sinistres obligatoires. Que dirait-on d'un assuré
qui refuserait de remplir intégralement ses en-

gagements quinquennaux envers une société d'assurance, sous prétexte que sa maison n'aurait pas brûlé ? Il en est de même du service des ports créé autant pour assurer, au point de vue de l'État, l'approvisionnement de Paris que pour diminuer, par association mutuelle du commerce, les frais de factage sur les ports. Quiconque se refuse à en payer sa part, ébranle l'institution en la mettant dans la nécessité de faire augmenter tôt ou tard des rétributions devenues insuffisantes par suite d'exceptions trop facilement tolérées. Voilà pourquoi l'administration seule a déterminé les exceptions valables, et les a fait sanctionner par la loi dans l'article 63 du décret ainsi conçu : « Ne « payeront que la moitié des rétributions por- « tées au tarif :

« 1° Les charbons de bois déchargés direc- « tement de la voiture dans le bateau ;

« 2° Les bois à brûler déposés provisoire- « ment sur les ports pour être enlevés sans « avoir été mis en état ;

« 3° Les bois neufs amenées en bateau sur les « ports de la haute Yonne situés depuis Armes « jusqu'à Lucy, inclusivement. »

Vouloir sous un prétexte ou sous un autre,

parce que dans tel arrivage on n'a pas reconnu l'utilité immédiate de l'intervention d'un
garde-port, quitte à la réclamer à l'enlèvement,
vouloir refuser une partie du droit, c'est laisser le service à la merci du premier venu, c'est
fausser le contrat d'union du commerce, qui
a été appelé en 1851, par des représentants de
son choix, à concourir au projet législatif du
21 août 1852, dans une commission nommée
ad hoc par M. le ministre des travaux publics,
c'est faire tort à tous en refusant ce qu'on avait
consenti par délégués, c'est enfin diminuer
injustement le salaire d'un service d'ensemble,
qui n'est soldé que par le mouvement des marchandises. Le demi-droit est donc contraire à
l'esprit de l'institution des ports, à la lettre
du décret, et à l'interprétation équitable du
tarif, qui, d'ailleurs, n'a été divisé en arrivage
et en enlèvement qu'au seul point de vue du
commerce, et pour spécifier à qui incomberaient les frais entre le vendeur et l'acheteur,
sans prétendre diminuer le salaire des agents
d'après le bon plaisir des marchands. En laissant le demi-droit à l'interprétation des tribunaux ordinaires, c'est les rendre juges du
service rendu à chaque particulier individuel-

lement, c'est changer les bases du tarif, c'est méconnaître le décret dans son but comme dans ses prescriptions.

Par suite du mémoire de M. Plée, il est incontestable qu'un terrain tout privé qu'il soit, ou tout loué qu'il soit, pour usage exclusif, est transformé en port public du moment qu'on y dépose des bois, et il ne peut s'ensuivre, par conséquent, le droit du marchand de refuser l'intervention du garde-port à l'arrivage de ses marchandises, et de se borner à les lui faire compter à l'embarquement. Il n'appartient pas, en effet, à un commerçant de refuser les services et par suite les rétributions à un agent, dont le tarif des droits n'a été encore une fois fixé à un taux léger et uniforme que dans l'intérêt de tous, et dans la persuasion que personne n'échapperait à ses prescriptions. Le marchand n'est donc juge ni de l'utilité du service qu'on lui rend, ni du travail imposé à l'agent ; l'utilité est reconnue par la loi, le travail est contrôlé par une inspection spéciale; aussi, si l'on ne réclame rien au delà du décret pour des marchandises dont la surveillance a demandé plus de temps, de soins et de peines, comme pour d'autres dont la manutention a

dû être répétée, pour les mettre à l'abri d'un
entraînement par les grandes eaux, il est juste
qu'un marchand ne puisse se refuser à solder des rétributions pour une intervention,
dont il ne reconnaît pas l'utilité personnelle-
ment et accidentellement. L'intervention des
gardes-ports n'est pas facultative, mais bien
obligatoire ; il ne dépend pas du marchand de
ne la réclamer qu'autant qu'il la croit indispensable, et il ne peut pas la repousser dans
les beaux jours, pour l'exiger dans les mauvais.

ARRÊT DE LA COUR DE CASSATION

du 13 Juin 1864.

CHAMBRE CIVILE.

La Cour de cassation a rendu l'arrêt suivant : Entre Alexis Bonneau, garde-port, demeurant à Auxerre, quai Bâtardeau, demandeur en cassation, d'une part; et d'autre part, Chambard et Cuiller, fabricant de roues, associés, demeurant à Auxerre, faubourg Saint-Gervais, défendeurs défaillants.

Fait. — Chambard et Cuiller, propriétaires d'une usine de sciages, mue par une machine à vapeur de la force de dix chevaux, ont loué, pour y faire le dépôt de leurs bois ou planches, un emplacement appartenant à des particuliers, et contigu au bief du moulin dit Mileau. Ils y ont fait conduire et empiler leurs planches ; mais il paraît qu'il n'ont point requis les services du garde-port, lors de l'arrivage de leurs bois ou planches, et que c'est seulement au moment du départ et de l'embarquement que, sur la demande des destinataires, et des mariniers qui ne voulaient pas charger sans une lettre de voiture du garde-port, ce dernier a été requis de constater, à chaque départ, les quantités enlevées. Cependant le garde-port, considérant comme port l'emplacement servant au dépôt des bois ou planches de Cuiller et Chambard, a prétendu avoir droit aux rétributions à percevoir à l'arrivage comme au départ des bois, d'après le tarif établi par le décret du 21 août 1852. Chambard et Cuiller ont, au contraire, prétendu qu'ils ne devaient de rémunération au garde-port que pour le service qui lui avait été demandé, lors du départ et de l'embarquement, seul service qu'il eût effectivement rendu.

Le Tribunal de commerce d'Auxerre saisi de cette difficulté par une demande formée par le garde-port Bonneau contre Chambard et Cuiller a, par un jugement en dernier ressort du 31 janvier 1863, rejeté la demande du garde-port Bonneau, tendant à obtenir le paiement d'une somme de 237 fr. 50 pour droit à l'arrivage des bois, et n'a alloué au garde-port que la rémunération taxativement due pour la comptabilité et la surveillance qu'il avait exercée lors du chargement des planches sur le bateau, suivant la demande qui lui en avait été faite dans un intérêt privé. La somme allouée à ce titre au garde-port montait à 203 fr. 94, sur laquelle il avait reçu 167 fr. 50, restant 36 fr. 44, que les défendeurs avaient offert de lui payer. Les motifs de cette décision étaient, en substance : que l'emplacement auquel Bonneau donnait le nom de port de Milleau n'était point classé comme port, qu'il n'était point accessible et ouvert au public, qu'il était un lieu privé, et avait une destination différente, que seulement Chambard et Cuiller en avaient loué une partie pour y faire conduire et empiler leurs bois comme dans leur chantier, qu'à l'arrivage l'intervention du garde-port n'avait point été requise et n'avait point eu lieu, que si les écritures de Bonneau mentionnent l'arrivage comme le départ des sciages, il n'y avait eu cependant qu'au moment du départ un service demandé et rendu par lui, service pour lequel une rémunération particulière lui était allouée.

Bonneau s'est pourvu régulièrement en cassation de cette décision pour violation des articles 14, chapitre Ier de l'Ordonnance de 1672, 1, 61 et 62 du décret du 21 août 1852, et pour fausse application des articles 64, § 2, 65 et 66 du même décret en ce que le Tribunal de commerce d'Auxerre a refusé au garde-port les droits par lui réclamés, conformément au tarif, sur le fondement que le terrain, servant au dépôt des bois, n'était point classé comme port et n'en avait point le caractère, et a jugé, en conséquence, qu'une rétribution particulière devait être seulement accordée au garde-port dans le cas où son intervention avait été réclamée par les parties. Les moyens de pourvoi ont été développés par Me Salveton, avocat du demandeur, dans un mémoire ampliatif produit à l'appui de la requête en pourvoi. Ce pourvoi a été admis par arrêt de la chambre des requêtes du 7 juillet 1863, lequel a été signifié le 23 du même mois aux défendeurs. Ceux-ci, quoique régulièrement assignés devant la Chambre civile, ont fait défaut. Sur quoi la Cour : Ouï M. le Conseiller Quénault, en son rapport, M⁰ Salveton, avocat du demandeur, en ses observations, et M. Blanche, avocat général, en ses conclusions : Attendu que les défendeurs, quoique régulièrement cités, n'ont point comparu, et qu'aucune défense n'a été présentée par eux, Donne défaut contre les défendeurs, et pour le profit, Vu l'article 14, chapitre 17 de l'Ordonnance du mois de décembre 1672 sur le commerce des bois et l'approvisionnement de Paris, et les articles 1, 61 et 62 du décret du 21 août 1852, concernant le service des ports sur les voies navigables ou flottables du bassin de la Seine ; Attendu que du rapprochement des deux premiers paragraphes de l'article 1ᵉʳ dudit décret, il résulte que si les emplacements où s'opèrent le dépôt, l'embarquement ou le débarquement des marchandises autres que les bois ne sont réputés ports qu'en vertu de décisions de l'administration supérieure rendues après enquêtes, il en est autrement des emplacements situés dans le bassin de la Seine, à proximité des rivières et canaux, et servant habituellement ou accidentellement au dépôt des bois soit à brûler, soit à ouvrer, lesquels sont de droit, et

par le seul fait du dépôt de cette marchandise, réputés ports, et comme tels soumis à la
surveillance des agents des ports.; Attendu
que les circonstances relevées par le jugement
attaqué, savoir : que l'emplacement contigu
au bief du moulin dit Mileau, occupé par les
empilements des bois ou planches des défendeurs ne serait point classé comme port et ne
serait point un lieu ouvert au public, mais un
terrain privé, loué pour servir au dépôt des
planches provenant d'une usine de sciages, ne
sont point de nature à enlever à cet emplacement le caractère de port que lui imprime, à
raison de son emploi, l'article 1 du décret, ni
à la soustraire à la surveillance des agents des
ports à laquelle il est soumis par ledit décret ;
Attendu que cette surveillance, établie dans un
intérêt général, est obligatoire et non facultative pour les marchands de bois ou de planches qui ne peuvent, en conséquence, se refuser au paiement des rétributions allouées
au garde-port par les articles 61 et 62 du décret du 11 août 1852 ; Attendu qu'en déniant
le caractère de port à l'emplacement occupé
par les défendeurs pour le dépôt de leurs bois,
en rejetant par voie de conséquence la de-

mande du garde-port Bonneau, en paiement des rétributions allouées par les articles 61 et 62 dudit décret, et en ne lui accordant que la rémunération particulière autorisée par l'article 66 pour service demandé, dans un intérêt privé, le jugement attaqué a faussement appliqué ledit article 66 et formellement violé l'article 14 de l'Ordonnance de 1672 et les articles 1, 61 et 62 du décret du 21 août 1852;

Par ces motifs, Casse et annulle le jugement rendu par le Tribunal de commerce d'Auxerre le 31 janvier 1863, remet la cause et les parties au même et semblable état qu'avant ledit jugement, et, pour être fait droit, les renvoie devant le Tribunal de commerce de Troyes;

Ordonne la restitution de l'amende consignée;

Condamne les défendeurs aux dépens liquidés à 160 fr. 59, en ce non compris le coût du présent jugement-arrêt, lequel sera imprimé et transcrit à la diligence du procureur général, sur les registres du greffe du Tribunal de commerce d'Auxerre en marge de la décision annulée.

Ainsi jugé et prononcé par la Cour de cassation, chambre civile, à l'audience publique du 13 juin 1864; Présents : MM. Troplong, premier président ; Pascalis, président ; Quenault, rapporteur ; Renouard, Delapalme, Laborie, Glandaz, Leroux, de Bretagne, Aylies, Bayle-Mouillard, Sévin, Mercier, Dufresnes, Lamy, Pont, de Vaulx, conseillers ; Blanche, avocat général.

EXTRAIT du jugement du tribunal de commerce de Troyes, rendu le 24 avril 1865, d'après l'arrêt du 13 juin 1864 de la cour de cassation.

Le Tribunal, vidant son délibéré, ordonné le premier courant, jugeant en dernier ressort :

Attendu que Bonneau avait fait assigner Chambard et Cuiller devant le Tribunal de commerce d'Auxerre pour s'entendre condamner à lui payer deux cent trente sept francs cinquante centimes pour droit d'arrivage et d'enlèvement au port Mileau ; mais que par jugement rendu par ledit tribunal le trente janvier mil huit cent soixante-trois, Bonneau a été déclaré mal fondé en sa demande ; que par arrêt du treize juin mil huit cent soixante-quatre, la Cour de cassation a cassé le jugement et renvoyé les parties devant le Tribunal de commerce de Troyes ;

Attendu que, conformément à cet arrêt, — Bonneau a appelé devant le tribunal de commerce de Troyes Chambard et Cuiller pour les faire condamner à lui payer ladite somme de deux cent trente-sept francs cinquante centimes; et qu'en outre il réclame quatre cents francs pour l'indemniser du préjudice que lui a causé la résistance de Chambard et Cuiller;

Attendu qu'à l'audience du premier courant, des débats contradictoires ont eu lieu, que Chambard et Cuiller ont soutenu qu'ils ne pouvaient être tenus de payer les frais d'arrivage et de surveillance, et qu'ils entendaient ne payer à Bonneau qu'une rémunération pour le comptage au moment de la livraison; qu'il y a lieu d'examiner les prétentions réciproques des parties et de statuer;

Attendu qu'il résulte des débats et des documents fournis que l'édit encore en vigueur de mil sept cent quatre porte création de gardes-ports et jurés-compteurs sur les rivières de Seine, Yonne, Marne, Oise et autres affluentes en la ville de Paris;

Attendu que si du décret du vingt et un août mil huit cent cinquante-deux, il résulte que les emplacements où s'opèrent le dépôt, l'embarquement et le débarquement des marchandises autres que les bois, ne sont réputés ports qu'en vertu des décisions de l'administration supérieure rendues après enquêtes, il en est autrement des emplacements situés, dans le bassin de la Seine, à proximité des rivières et canaux, et servant habituellement ou accidentellement au dépôt des bois soit à brûler, soit à ouvrer, lesquels sont de droit, et par le seul fait du dépôt de cette marchandise, réputés ports, et comme tels soumis à la surveillance des agents des ports;

Attendu que les jurés-compteurs et gardes-ports ont été institués dans un intérêt d'ordre public, et de sûreté; que leur fonction existe de fait; qu'elle n'est point facultative, mais bien obligatoire; que nul ne peut se soustraire au service de ces agents; que cette surveillance doit être exercée par eux dans toute l'étendue de leur arrondissement, non-seulement sur les ports, mais encore sur les bords de la rivière soumise à leur garde; que cette surveillance s'étend, comme dans l'espèce, à toutes les marchandises au moment de leur embarquement;

Attendu que Chambard et Cuiller, propriétaires d'une scierie mécanique, prétendent vainement n'être point tenus aux obligations des marchands, qui déposent leurs bois sur un port ou à proximité; que vainement encore ils soutiennent que l'emplacement sur lequel ils déposent leurs planches est un terrain privé, — terrain qui n'est point accessible au public, que jamais les gardes-ports n'y ont pénétré pour reconnaître leurs planches; que ces planches sont le produit de leur industrie, et qu'ils ont toujours entendu les placer sur un terrain qu'ils considéraient comme leur magasin, comme une dépendance de leur atelier;

Attendu que si, pendant un certain temps les ventes faites par Chambard et Cuiller ont pu motiver ces prétentions, il est constant pour le Tribunal qu'à un moment donné, ils ont été dans la nécessité, par suite de leurs opérations, d'avoir recours au garde-port pour l'embarquement et la livraison de leurs bois; et que par ce seul fait ils se trouvent soumis aux obligations imposées aux vendeurs, et tenus de payer le double droit de l'arrivage et de l'enlèvement, droits qui ne sauraient être divisés; que c'est donc à tort qu'ils ont résisté à la demande dirigée contre eux par Bonneau;

Sur la demande en indemnité de quatre cents francs :

Dit qu'elle n'est pas justifiée,

Par ces motifs :

Rejette la demande de Bonneau tendant à obtenir la somme de quatre cents francs à titre d'indemnité,

Condamne Chambard et Cuiller à payer par corps ladite somme de deux cent trente-sept francs cinquante centimes due audit Bonneau pour les causes susdites.

A la suite de ces arrêts de la Cour de cassation qui interprètent si équitablement le décret du 21 août 1852, nous aurions pu citer nombre de jugements favorables à l'institution elle-même ; mais leur intérêt devient moindre depuis que le décret précité a résumé et coordonné les prescriptions conservées de l'ordonnance de 1672, les arrêts du Conseil du 17 juin 1704, et les arrêtés du gouvernement des 26 nivôse an V, 3 nivôse an VII et 6 thermidor an IX. Cependant nous emprunterons à un arrêt de la Cour de cassation du 10 août 1845 quelques-uns des attendus qui rendent obligatoire le service des agents des ports sur le canal du Nivernais :

« Attendu que la légalité des ordonnances et arrêts du Conseil de 1672 et de 1704, dont l'acte du 6 thermidor an IX a consacré les tarifs se trouve reconnue ;

« Attendu que ces ordonnances et arrêts, ainsi que les décisions ministérielles qui ont créé ou réinstitué les jurés-compteurs et gardes-ports, en déterminant les droits que ces fonctionnaires, seraient autorisés à percevoir, ne les ont pas seulement institués pour l'Yonne et les rivières qui y sont dénommées, mais encore pour tous les affluents de la Seine ;

« Attendu, d'ailleurs, que le canal du Nivernais n'est autre chose que la rivière de l'Yonne améliorée, puisque dans son parcours il se confond souvent avec elle, et que dès lors, soit qu'on le considère comme identifié avec la rivière elle-même, soit qu'on le considère comme un des affluents de Paris, il se trouve compris dans le nombre des canaux et rivières, pour lesquels les jurés-compteurs et gardes-ports ont été institués, et sur lesquels les droits réclamés pour la rémunération des services de ces fonctionnaires sont légalement perçus, etc. »

Un arrêt identique du 5 février 1849 confirme la même jurisprudence à propos du canal de l'Ourcq, et contient les attendus suivants d'une clarté indiscutable :

« Vu l'édit d'avril 1704, la décision ministérielle du 6 thermidor an IX, la loi de finances du 16 juillet 1840 et les lois de finances des années suivantes ;

« Attendu que l'édit de 1704 a établi des gardes-ports le long des rivières de Seine, Oise, Yonne, Marne et autres affluentes à la ville de Paris, et que l'arrêt du Conseil du 17 juin de la même année a fixé les droits à percevoir par ces agents ;

« Attendu que la décision du ministre de l'intérieur du 6 thermidor an IX a réinstitué ces agents sur tous les affluents de la Seine, et notamment sur la rivière de l'Ourcq, et a modifié leur tarif, le tout de concert avec la communauté des marchands de bois, ainsi qu'il résulte de leur délibération du 2 messidor an IX, mentionnée en ladite décision ;

« Attendu que ces diverses dispositions prises dans le but de faciliter l'approvisionnement de la ville de Paris, constituent des lois de police et d'ordre public applicables à tous les cours d'eau qui y affluent, sans distinction de ceux qui sont dus à la nature ou à la main de l'homme ;

« Attendu, en ce qui concerne le canal de l'Ourcq particulièrement, que la loi du 29 floréal an X ordonne, dans son article 1er, *qu'il sera ouvert un canal de dérivation de la rivière d'Ourcq*, en ajoutant : *elle sera amenée à Paris à un bassin près de la Villette ;* que le canal ouvert en exécution de cette loi, n'est donc que *la rivière d'Ourcq elle-même* amenée à Paris, ce qui permet de la ranger, soit parmi les rivières affluentes à Paris, d'après les termes de l'édit de 1704, soit parmi les affluents de Paris, d'après ceux de la décision du 6 thermidor an IX, et qu'à chacun de ces titres il était compris dans les dispositions ci-dessus ;

« Attendu que la légalité des commissions délivrées par le ministre des travaux publics aux gardes-ports du canal de l'Ourcq n'était pas moins certaine que celle des taxes imposées, bien que le canal fût la propriété de la ville de Paris ; qu'en effet, l'approvisionnement de la capitale n'est pas seulement un intérêt municipal, mais qu'il importe à l'intérêt général du pays, et que, si la ville profite seule des droits de navigation et de tous les produits du canal, la sûreté du commerce et la facilité des transports n'en appellent pas moins la surveillance du gouvernement ; qu'en conséquence l'arrêt attaqué a méconnu à la fois et la légalité des taxes et le caractère public du garde-port, etc. »

Le même arrêt renferme une explication

très-lucide des cantonnements de gardes-ports, et refuse avec raison à un tribunal de commerce le droit d'ingérance dans la connaissance des actes administratifs. Voici comment s'exprime à ce sujet la Cour de cassation :

« Attendu que la légalité des taxes et des commissions une fois établie, le tribunal de commerce sus-mentionné, en méconnaissant la commission que le ministre a délivrée au demandeur sous le prétexte qu'elle aurait dû lui assigner un lieu fixe pour l'exercice de ses fonctions, au lieu d'une certaine circonscription de territoire, s'est ingéré dans la connaissance d'un acte administratif, et par là a commis un excès de pouvoir, etc. »

D'autres arrêts, postérieurs à ceux dont nous venons de donner des extraits, ont confirmé la jurisprudence établie par la Cour de cassation dans son jugement du 13 juin 1864. L'un d'entre ces derniers, à la date du 11 juillet 1868, confirme le bien jugé du Tribunal de simple police de Vitry-le-François, qui condamnait à trois francs d'amende un commissionnaire en marchandises, lequel avait cru pouvoir, sans l'intermédiaire du garde-port effectuer un chargement de sciage sur le canal de la Marne au Rhin. Ce commissionnaire alléguait que la marchandise sortait d'un terrain à lui appartenant, et était embarqué sur un bateau spécialement loué par lui . L'arrêt sus-mentionné répond à cette prétention par les attendus suivants :

« Attendu que le décret n'excepte pas de sa réglementation les entrepôts dont le sol appartient à l'entrepositaire ou aurait été loué par lui ;

« Attendu que ces prescriptions, établies dans un intérêt d'ordre et de police, protégent en même temps l'intérêt des propriétaires des bois entreposés, etc. »

Un autre arrêt en date du 8 février 1870, rejette le pourvoi contre un jugement du tribunal de commerce de Chauny, qui déclare que l'intervention des agents des ports, et la rétribution qui en est la conséquence, sont valables pour toute marchandise de bois, quelle qu'en soient l'espèce, l'usage et la destination. Le jugement avait trait à une opération sur des perches et bois de mines déposés et embarqués sur les ports de Chauny.

Ici nous bornerons nos citations, en ren-
voyant pour plus amples détails au *Code du
commerce de bois et de charbon*, par Dupin
aîné, 1817, au *Code du commerce des bois carrés*, par Frédéric Moreau, 1847, et au *Dictionnaire de l'approvisionnement de Paris*, par
Pierre Rousseau.

TABLE DES MATIERES.

Paris. — Typ. A. PARENT, rue Monsieur-le-Prince, 31.

Paris. — Typ. A. PARENT, rue Monsieur-le-Prince, 29 et 31.